LOGIKFIBEL

Volker Wittmann

LOGIKFIBEL

Eine Schulung im Denken
und Argumentieren

Edition Sonderwege

INHALT

Zum Geleit: Worum es geht – 7

ERSTER TEIL:
GRENZEN DER WAHRNEHMUNG – 17
Kapitel 1: Filter – 21
Kapitel 2: Orientierung – 33
Kapitel 3: Schlüssigkeit und Wahrheit – 45

ZWEITER TEIL:
WERKZEUGE DER LOGIK – 57
Kapitel 4: Unterschiede und Gemeinsamkeiten – 61
Kapitel 5: Festes und Veränderliches – 77
Kapitel 6: Teil und Ganzes – 89
Kapitel 7: Widerspruch und Verneinung – 105

DRITTER TEIL:
ZUSAMMENHÄNGE – 121
Kapitel 8: Bezüge – 125
Kapitel 9: Abbildungen – 137
Kapitel 10: Mehrfachbezüge – 149
Kapitel 11: Prägung – 159

VIERTER TEIL:
ANWENDUNGEN – 169
Kapitel 12: Entscheidungen – 173
Kapitel 13: Kreisläufe – 187
Kapitel 14: Räume – 201
Kapitel 15: Bilder – 211
Kapitel 16: Wahrscheinlichkeit – 223

ANHANG – 233
Rückblick und Ausblick – 235
Register – 241

Zum Geleit:
Worum es geht

Fernsehen bildet. Immer wenn der Fernseher an ist,
gehe ich in ein anderes Zimmer und lese.
Groucho Marx

- Ist der Erreger der Corona-Seuche von Tieren auf Menschen übergesprungen oder bei gefährlichen Experimenten aus einem Labor entkommen?
- Hat der russische Staatschef Wladimir Putin den Krieg in der Ukraine vom Zaun gebrochen, oder haben die USA die Krise angezettelt?
- Handelt es sich beim Klimawandel um Menschenwerk oder um eine Naturerscheinung?
- Ist Digitalisierung ein Fluch oder ein Segen?
- Sollte man bei Facebook mitmachen, bei anderen Netzwerken, oder sollte man Privates besser für sich behalten?
- Erweist man als Organspender dem Nächsten einen Dienst, oder unterstützt man damit vor allem Geschäftemacher und bessere Leute?
- Gibt es auf fremden Welten intelligente Wesen, oder ist die Menschheit allein im All?

Fragen über Fragen, die kaum jemand ohne eingehende Nachforschung beantworten kann. Dabei war es noch nie so leicht, so viel zu erfahren. Hinz und Kunz können das weltweite Netz mit ihrem Smartphone erkunden. Rund 800 Fernsehkanäle bieten scheinbar alles, was das Herz begehrt. In Bahnhofsbuchhandlungen heischen Tausende

Zeitungen und Zeitschriften Aufmerksamkeit. Verlage füllen Messen voller Regale mit Büchern über Hintergründe nahezu jeder erdenklichen Lebenslage. Kurzum: Alles, was zu den Medien zählt, bietet mehr Veröffentlichungen an, als je ein Mensch im Leben nutzen könnte.

Noch nie aber wurde auch so viel gelogen, gefälscht, verdreht, getäuscht, verzerrt, vernebelt, vertuscht, vorgegaukelt oder geheuchelt. Das ist die Kehrseite des schönen neuen Informationszeitalters. Die vielen Möglichkeiten erleichtern auch die Verbreitung von Blendwerk, Irreführung, Schwindel, Betrug, Bauernfängerei, Schiebung und Cyberkriminalität. Statt »Infoparadies« machte das Schlagwort »Lügenpresse« die Runde.

Der Werbefachmann Thor Kunkel hat dazu *Das Wörterbuch der Lügenpresse* herausgebracht. Darin legt er die Ergebnisse seiner »Grundlügenforschung« dar und leitet eine »Grammatik der Lüge« her. Dazu stellt er den Verlautbarungen der Medien diesen widersprechende Tatsachen gegenüber, und zwar in zwei Teilen, wie ein fremdsprachiges Lexikon. Zum einen »Deutsch–Lügenpresse«, mit Beispielen wie

ausländischer Straftäter	– »traumatisierter Mann«
Benennen von Fakten	– »rechtes Gedankengut«

und zum anderen »Lügenpresse–Deutsch«, etwa mit

»Demokratieabgabe«	– Zwangsgebühr des Staatsfernsehens
»Extremismusbekämpfung«	– Integrationskurs für IS-Mörder.

Wer dieses Werk zu Rate zieht, wundert sich nicht mehr darüber, daß Journalisten bei Umfragen zum Ansehen der Berufe regelmäßig auf den untersten Rängen landen. Nur die Politiker schneiden noch schlechter ab. Gängige Vorwürfe gegen die Journalisten lauten, sie würden ihre angestammte Aufgabe als Berichterstatter vernachlässigen. Statt dessen, so heißt es, gebärden sie sich als Volkserzieher, Verkündiger, Besserwisser oder Missionare.

Tatsächlich predigen tonangebende Medienschaffende einen »Haltungsjournalismus«. Damit meinen sie, es komme hauptsächlich auf einen hehren Standpunkt an, von dem aus sie ihre Beiträge verfassen; der Inhalt sei zweitrangig. Deshalb ist neuerdings so viel von Narrativen die Rede, zu deutsch: von Erzählungen. Man könnte auch Märchen sagen. Von ihrem eigenen Selbstwert überzeugt, ernannten sich einige Erzähler sogar zu »Qualitätsjournalisten«. Voller Dünkel beanspruchen sie, die »vierte Gewalt« im Land zu sein.

Laut der Lehre des französischen Staatsdenkers Montesquieu (1689–1755) lenken drei klassische Kräfte das Gemeinwesen: die gesetzgebende, die richterliche und die ausführende Gewalt, verkörpert durch Parlament, Gerichtsbarkeit und Regierung. Von den Medien steht nichts bei Montesquieu – sie haben sich selbst zu einer Gewalt ernannt.

Es verträgt sich anscheinend mit dem Sendungsbewußtsein der Pressevertreter, daß es unter ihnen vor allem auch Qualitäts*lügner* gibt. So wurde der Reporter des Hamburger Nachrichtenmagazins *Der Spiegel* Claas Relotius mit Preisen überhäuft. Dann stellte sich heraus, daß seine Berichte von Fälschungen wimmelten. Offenbar wurden seine eigenwilligen Ergänzungen der Wirklichkeit jahrelang durchgewinkt, weil sie im Sinn einer links-grünen Multikulti-Ideologie getrimmt waren, also »getürkt«, wie es in der schnodderigen Fachsprache heißt. Sollte es anders gewesen sein und die Redaktionen haben den Betrug nicht bemerkt, wäre das ein Zeichen von Unfähigkeit.

Das Zweite Deutsche Fernsehen (ZDF) brachte in seinen Hauptnachrichten um 19 Uhr Filmaufnahmen von Ausländern, die angeblich beim Aufräumen nach einer Überschwemmung in Schwäbisch Gmünd mit anfaßten. Tatsächlich aber handelte es sich um gestellte Szenen. Kollegen des österreichischen Fernsehens hatten die mutmaßlichen Helfer dazu eigens mit einem Bus herangekarrt.

Die »Tagesschau« im Ersten Programm entrüstete sich über Hetzjagden auf Ausländer in Chemnitz, die nie stattgefunden hatten. Der damalige Chef des Bundesamtes für Verfassungsschutz, Hans-Georg Maaßen, rügte die Falschmeldung in aller Öffentlichkeit. Umgehend bekam der Beamte die Macht der vierten Gewalt zu spüren: Er wurde an den Medienpranger gezerrt und mußte gehen.

Mancher Leser oder Zuschauer meint vielleicht, bei diesen Beispielen handle es sich um krasse Ausnahmen; auch könne er irreführenden Medienmüll selbst erkennen. Doch selbst wenn dem so wäre, erfährt ein Außenstehender kaum, was in den Redaktionen im Papierkorb landet. Die herbe Wirklichkeit ist eine andere: Veröffentlicht wird vornehmlich, was die Leute erfahren sollen. Was sie nachdenklich machen könnte, sieben Haltungsjournalisten aus.

Nur gelegentlich zeigt sich etwas vom sonst unsichtbaren Teil des Eisbergs. Wie nach der Silvesternacht 2015/16: Bei den Feiern auf dem Domplatz in Köln war es zu tausendfachen sexuellen Übergriffen von Nordafrikanern auf Mädchen und Frauen gekommen. Die selbsternannten Qualitätsmedien schwiegen dazu volle fünf Tage lang. Erst als immer mehr betroffene Frauen bei Polizei und Justiz Anzeige erstatteten, bequemten sich die bestallten Berichterstatter zögerlich zu ihrer Pflicht.

Bei von Ausländern begangenen Vergewaltigungen und Morden verschweigen Qualitätsoberlehrer tunlichst die Herkunft der Täter. Kommt es deswegen zu Kundgebungen gegen die ungesetzliche Massenzuwanderung, berichten sie vorzugsweise über »Gegendemonstrationen« für »Toleranz und Weltoffenheit«, die von einer staatlich finanzierten Asylindustrie organisiert werden. Wegen ihrer eigenwilligen Auswahl von Ereignissen spricht man auch von »Lückenpresse«.

Ein Außenseiter des Gewerbes rafft etliches von dem zusammen, was in den Papierkörben der Haltungsredakteure landet. Unter dem Titel »Verheimlicht – vertuscht – vergessen« erzielt Gerhard Wisnewski seit Jahren hohe Auflagen mit dem, »was nicht in der Zeitung stand«. Gegen Ende des Jahres 2021 brach die Polizei seine Wohnung für eine Hausdurchsuchung auf. Zur Begründung hieß es, er habe Bayerns Ministerpräsidenten Markus Söder beleidigt.

Warum dergleichen die Beschädigung der Haustür und die Beschlagnahme von Arbeitsunterlagen rechtfertigen soll, erschließt sich schwerlich. Der unabhängige Journalist Wisnewski sieht in dieser Maßnahme einen Anschlag auf die Pressefreiheit. Die wird freilich fast nur noch von Außenseitern wie ihm und einigen kleineren Zeitungen und Bloggern wahrgenommen.

»Preisfrage: Was war noch wahnsinniger als das Jahr 2020, in dem die ›Corona-Krise‹ begann? Antwort: das Jahr 2021«, heißt es unter anderem in seiner neuesten Nachlese. Über die Wortwahl mag man denken, wie man will. Aber das jahrelange Trommelfeuer mit bedrohlichen Meldungen über die Seuche war eine gezielte Panikmache sondergleichen.

Nach Ansicht des Staatsrechtlers Montesquieu sollte jede der Gewalten die jeweils anderen Gewalten im Staat kontrollieren und so ein Gleichgewicht der Kräfte bewirken, damit keine von ihnen die Oberhand hat. Statt dessen macht die überhebliche, selbsternannte vierte Gewalt gemeinsame Sache mit den anderen dreien.

Im Gegenzug für ihre gefärbte Hofberichterstattung haben Regierung und Bundestag die öffentlich-rechtlichen Rundfunkanstalten mit hoheitlichen Befugnissen gemästet. Sie erhielten das Vorrecht, von jedem Haushalt im Land eine verkappte Steuer in Gestalt einer monatlichen Zwangsabgabe von 18,36 Euro einzutreiben. Das sind immerhin über 220 Euro im Jahr und macht insgesamt runde acht Milliarden aus.

Obendrein erhielten die Eintreiber ein Ausnahmerecht vom Datenschutz, um Zugriff auf die Unterlagen der Einwohnermeldeämter zu erhalten. So können sie alle Tributpflichtigen leichter aufspüren und sie zur Kasse bitten. Bei Säumnis oder Verweigerung droht Strafe. Der

Westdeutsche Rundfunk (WDR) ließ 2021 den technischen Zeichner Georg Thiel aus Borken ins Gefängnis werfen, weil er sich hartnäckig weigerte, die Abgabe zu entrichten. Thiel hatte sein Fernsehgerät schon vor Jahren entsorgt. Laut Gesetz habe er dennoch zu zahlen. Der WDR forderte schließlich 465 Euro und 50 Cent von dem 54jährigen. Als er hart blieb, mußte er ein halbes Jahr hinter Gitter.

Zahlreiche Klagen ebenfalls unwilliger geschröpfter Bürger blieben bei den Gerichten ohne Erfolg. Die Justiz will in dem Zwangsbeitrag zum Staatsfernsehen keine verkappte Steuer erkennen. Damit ist auch die richterliche Gewalt mit im Boot. Als sich das Bundesland Sachsen-Anhalt einer Erhöhung der »Demokratieabgabe« widersetzte, erklärte das Bundesverfassungsgericht den Beschluß für unwirksam. Die Richter begründeten ihr Urteil damit, ARD und ZDF würden die Öffentlichkeit mit Nachrichten versorgen. Sie verrieten damit eine rosarote, wenn nicht gar kindische Sicht auf deren seichtes Programm.

Bei den Sendeanstalten streichen gewöhnliche Redakteure Monatsgehälter von bis zu 10 000 Euro ein. Davon kann die Mehrheit der Bundesbürger nur träumen. WDR-Intendant Tom Buhrow kassiert sogar rund 34 000 Euro Grundgehalt. Dazu kommen Sachbezüge und zusätzliche Leistungen für Tätigkeiten bei Tochterfirmen der Sender in unbekannter Höhe. Offenbar geht es der vierten Gewalt weniger darum, die Bürger zu versorgen, als vor allem sich selbst.

Unter solchen Umständen wird es immer schwieriger, sich ein zuverlässiges Bild vom Zeitgeschehen zu verschaffen. Ratgeber und Leitfäden zur Orientierung im Dickicht der modernen Zeiten sind in großer Zahl erschienen. Dabei handelt es sich meist um gutgemeinte Anleitungen, die auf Erkenntnissen der Psychologie beruhen. Sie greifen gängige Irrtümer auf, die menschlichen Schwächen geschuldet sind. Doch die werden sich wohl nie abstellen lassen.

Was fehlt, ist eine nüchterne Einführung in die Regeln folgerichtigen Schließens, die unabhängig von persönlichen Befindlichkeiten gelten. Wer weiß, wie das Denken selbst funktioniert und nach welchen Gesetzen es abläuft, der kann sie auch am besten nutzen. Deren Kenntnisse sind am ehesten geeignet, auch im Zeitalter von »Fake News« den Überblick zu behalten.

Leider ist weitgehend unbekannt, daß die Mathematik außer aufwendigen Rechenverfahren auch die Grundlagen der Logik erforscht. Dabei hat sie nachvollziehbare Maßstäbe dafür entwickelt, ob es auf bestimmte Fragen überhaupt sinnvolle Antworten gibt, und wenn ja, in welchem Rahmen sie sich bewegen müssen.

Darüber sind zwar zahlreiche Abhandlungen erschienen, aber meist verfaßt von Mathematikern für Mathematiker. Deren Fachchinesisch macht die Sache für Außenstehende schwer verdaulich. Hier soll es darum gehen, einige wichtige Ergebnisse für jeden zugänglich zu machen, der einen gesunden Menschenverstand sein eigen nennt.

Dazu braucht man keine Telefonnummern im Kopf zu multiplizieren – das sind ausgefallene Fähigkeiten für Auftritte im Zirkus. Im Alltag bringt dergleichen keine nennenswerten Vorteile. Um beurteilen zu können, ob eine Aussage oder Entscheidung Hand und Fuß hat, braucht es vor allem die Bereitschaft, sich auf ungewohnte Gedankengänge einzulassen. Manches sieht nämlich ganz anders aus, als man es vielleicht erwarten würde. Doch genau das macht es für Forscher und Sinnsucher besonders interessant.

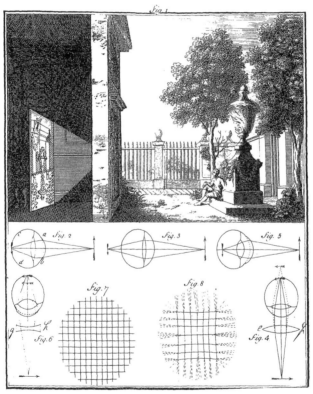

Erkenntnis und ihre theoretische Reflexion. Abbildung aus James Ayscough, *A Short Account of the Eye and Nature of Vision. Chiefly Designed to Illustrate the Use and Advantage of Spectacles* (London 1752)

Das Denken über das Denken ist in gewisser Weise ein Abenteuer. Es führt in Bereiche, über die man sich für gewöhnlich kaum Rechenschaft gibt. Der Einstieg ist mit einer Schlüsselszene des Kultfilms *Matrix* vergleichbar, die eine heimliche Zusammenkunft der Hauptfiguren Morpheus und Neo zeigt. Im Halbdunkel hinter geschlossenen Vorhängen hält Morpheus Neo zwei Pillen hin und sagt: »Das ist die letzte Gelegenheit, Neo. Danach gibt es kein Zurück mehr. Nimmst du die blaue Pille, endet die Geschichte. Du wachst in deinem Bett auf und glaubst, was du glauben willst. Nimmst du die rote, bleibst du hier im Wunderland, und ich zeige dir, wie tief der Kaninchenbau reicht.«

Neo greift nach einer der Kapseln. Da erhebt Morpheus nochmals die Stimme: »Bedenke! Alles, was ich dir biete, ist die Wahrheit – nicht mehr.« Tapfer greift der Held zur roten Pille und spült sie mit einem Schluck Wasser hinunter. Davon schreckt er aus seiner Scheinwelt hoch, die ihm ein ausgeklügeltes System vorgegaukelt hat. Eine herbe Wirklichkeit taucht auf, die ihm Übelkeit bereitet. Sein Vorleben in Unmündigkeit hatte ihm die Kraft geraubt, den Tatsachen ins Auge zu schauen.

Auch Sie, verehrter Leser, werden wahrscheinlich nicht mehr derselbe sein, wenn Sie die nächsten tausend Zeilen kennen. Die Wege folgerichtigen Schließens zu erkunden ist der Einnahme der roten Pille vergleichbar. Doch es gilt, gleich Morpheus davor zu warnen, daß die Ergebnisse stets erfreulich sind. Wer sich an Tatsachen halten will, muß auch mit den unbequemen zurechtkommen. Die sind ebenso zahlreich wie die angenehmen.

/ ERSTER TEIL

GRENZEN DER WAHRNEHMUNG

Einsicht ist eine Gabe der Natur. Sie entstand allerdings zu einer Zeit, als die Menschen in einer Umgebung lebten, die sie selbst kaum beeinflußten. Das hat sich grundlegend geändert. Vor einigen Jahren haben selbstbewußte Wissenschaftler das »Anthropozän« ausgerufen, das menschlich bestimmte Zeitalter, wie der griechische Begriff auf deutsch besagt.

Landwirtschaft und Verstädterung haben etwas hervorgebracht, das man je nach Anschauung Kultur oder, sachlicher, Zivilisation nennt. Gemeint ist in jedem Fall ein Umbau der Welt. Das brachte vor allem die Notwendigkeit mit sich, die Regeln zu erkennen, nach denen das veränderte Dasein vor sich geht. Logik ist der Versuch, mit der Entwicklung Schritt zu halten. Der hier folgende erste Teil beschreibt einige Meilensteine auf diesem Weg.

Kapitel 1
Filter

Auch die Bretter, die man vor dem Kopf hat,
können die Welt bedeuten.
Werner Finck

Denken kann man sich als Verdauung von Sinnesreizen vorstellen. In jeder Sekunde wirken Hunderte von Bildern, Geräuschen, Gerüchen, Gefühlen oder Geschmäckern auf einen wachen Menschen ein. Sein Unterbewußtsein filtert indessen alles Entbehrliche heraus. Sonst wüßte er bald nicht mehr, wo ihm der Kopf steht. Übrig bleiben nur wenige Eindrücke, denen der Verstand möglichst ungeteilte Aufmerksamkeit widmen kann.

Doch selbst das, was zu Bewußtsein kommt, unterliegt einer weiteren Auswahl. Auch beim besten Willen kann man sich nur einen Bruchteil davon wirklich zu Herzen nehmen. Einzig tiefgreifende Empfindungen hinterlassen einen bleibenden Eindruck. Alles andere würde jedermann überfordern.

Dieser Filter ist wohl eine der wichtigsten Gaben der Natur. Er wird auch Geist, Begriffsvermögen oder Auffassungsgabe genannt. Um ihn annähernd einzuschätzen, braucht man sich bloß auszumalen, man müßte beim Gehen bewußt jeden einzelnen Muskel ziehen, der dazu benötigt wird. Man käme keinen Schritt voran. Im Vergleich zu den unterschwelligen Vorgängen bilden geschulte, bewußte Überlegungen nur einen Widerschein wie der sichtbare Teil eines Eisbergs.

Auch die Wunderdinge, die sich fortschrittsgläubige Experten von künftigen Quantencomputern erhoffen, werden da nicht so leicht heranreichen. Mit diesem weitgehend noch unbekannten Gebiet beschäftigt sich die neuere Wissenschaft von der »emotionalen Intelligenz«. Das heißt soviel wie »Kunde vom Bauchgefühl«. Erste Ergebnisse zeigen vor allem eines: Man steht noch ganz am Anfang.

Doch selbst haushohe Hürden schrecken Forscher nicht. Vertreter vieler Wissenschaften, von der Philosophie bis zur Elektrotechnik, haben Fleiß und Ausdauer darauf verwandt, die Beschaffenheit und Arbeitsweise des Wahrnehmungsfilters zu erkunden und soweit wie möglich nachzuahmen.

Bei den Philosophen bescherte Georg Wilhelm Friedrich Hegel (1770–1831) aus Stuttgart der Nachwelt seine Erkenntnistheorie vom dialektischen Dreischritt, darstellbar durch die Begriffskette

Annahme → Einwand → Abgleich.

Der Pfeil → ist ein logisches Zeichen für Zuordnung, Beziehung oder Zusammenhang. In dieser Gestalt hätten die Lehren des schwäbischen Denkers vielleicht breiten Anklang gefunden. Statt dessen erging er sich in lateinisch-griechischem Allerlei, wie es unter gelahrten Häusern üblich war und ist. Gemäß dieser Gepflogenheit nannte Hegel den Ausgangspunkt seiner Überlegungen eine Hypothese. Diese bewirke eine Antithese. Daraus entwickle sich eine Synthese. »Dialektik« heißt soviel wie »Wortwechsel zu gegensätzlichen Ansichten«, also etwas für Leute mit geöltem Mundwerk.

Des Meisters Schüler Karl Marx spann den Einfall seines Lehrers weiter zu einer Handhabe für Umstürzler und Weltverbesserer, genannt »dialektischer Materialismus«. Sie dient seither zur Rechtfertigung von Gewaltmaßnahmen, die Chinas Regierung bis heute umtreibt. Immerhin hatte Marx erkannt, daß bewußtes Denken nur »Überbau der Tatsachen« sei; des »Faktischen«, wie er sich ausdrückte.

Der Dreischritt ist einer der bekanntesten Anläufe, die Einzelheiten des Wahrnehmungsfilters auszuleuchten. Näher zur Gegenwart hat sich die Systemtheorie der Sache angenommen. Statt des Einwands stellte man eine »Blackbox« in die Mitte der Dreierkette. Die Annahme wurde zum »Input«, der Abgleich zum »Output«.

Schema eines Filters gemäß der Systemtheorie

Die Mode hatte sich inzwischen geändert. Nun galt es als schick und fortschrittlich, mit englischen Brocken um sich zu werfen statt mit lateinisch-griechischen Lernfrüchten vom Gymnasium. Man hätte das dunkle Mittelding auch gut und gern eine »Kammer« nennen können oder einen »Raum« sowie »Eingabe« sagen statt »Input« und »Ausgabe« statt »Output«.

Abgesehen davon geht es beim folgerichtigen Schließen vor allem um die Vorgänge im Innern der schwarzen

Schachtel. Dem kam dann die Datenverarbeitung im Zug der Digitalisierung näher. Ihr Dreischritt lautet:

Eingabe → Verarbeitung → Ausgabe.

Nach den Anfangsbuchstaben der drei Schlüsselbegriffe heißt er »EVA-Verfahren«. Als Eingabe kann ein Eindruck dienen, eine Annahme oder Voraussetzung. Sie wird bei der Verarbeitung bewertet und gedeutet und kommt als Schluß heraus. Damit war ein übersichtliches Muster einer logischen Folgerung gewonnen:

Voraussetzung → Deutung → Schluß.

Die Deutung, auch »Interpretation« genannt, bildet den Dreh- und Angelpunkt. Den gilt es deshalb in näheren Augenschein zu nehmen. Ein Griff ins volle Menschenleben bringt dazu Farbe in die graue Theorie.

Nach der verheerenden Juli-Flut von 2021 in Rheinland-Pfalz und Nordrhein-Westfalen machten die zuständigen Wetterfachleute »systematisches Versagen der Behörden« für die hohe Zahl an Todesopfern verantwortlich. Warnungen vor drohendem Starkregen seien rechtzeitig erfolgt, aber unzureichend beachtet und unangemessen sowie viel zu spät an die Bewohner der gefährdeten Gebiete weitergeleitet worden. Mehr als 150 Anwohner hatten ihr Leben verloren. Damit lautete der Schluß der Meteorologen:

Warnung → kein Alarm → tödliche Folgen.

Vertreter der Regierung in Land und Bund suchten die Ursachen dagegen bei einem weltweiten Klimawandel. Ihr Reim darauf lautete kurz gefaßt:

Klimawandel → Unwetter → Schäden.

Damit schoben sie die Verantwortung auf eine übergeordnete Gewalt und vor allem weg von sich selbst. Da sie zugleich vorgaben zu wissen, warum sich die Erde erwärmt, wären die Bürger eigentlich selbst schuld an ihrem Mißgeschick, weil sie Autos mit Verbrennungsmotoren fahren und mit Öl heizen.

Das zeigt, wie verschieden sich ein und derselbe Vorgang deuten läßt. Offenbar arbeitet der Bewußtseinsfilter von Meteorologen ganz anders als bei Politikern. Insbesondere haben Mitglieder der Regierung es vermieden, von versäumten Warnungen zu reden. Die Meteorologen erwähnten den Klimawandel nicht. Der war ihnen in diesem Fall offenbar zu weit hergeholt.

Wie willkürlich Deutung sein kann, zeigt zum Beispiel der Name »Ostwestfalen« für das Randgebiet Westfalens zu Niedersachsen. Ost und West sind an sich entgegengesetzte Himmelsrichtungen. Doch man deutet sie in diesem Fall unterschiedlich, wie es die Schreibweise »Ost-Westfalen« mit Bindestrich nahelegt. Nur der Osten hat seinen ursprünglichen Sinn behalten. Der Westen wird als Bestandteil des Namens betrachtet.

So arbeitete auch der Filter beider Gruppen von Ursachenforschern nach der Juli-Flut. Eine Seite sah Umstände als maßgeblich an, die von der anderen als unmaßgeblich eingestuft und herausgefiltert wurden.

Allerdings ist das Sieb weniger zur Aussonderung unbequemer Einzelheiten gedacht.

Nützlicher wirkt es beim Ansturm von Bildern aller Art auf ein Lebewesen. Das menschliche Auge kann höchstens 15 Bilder pro Sekunde unterscheiden. Die Trägheit der Netzhaut stutzt sie auf ein verträgliches Maß. Darauf beruht die Filmtechnik. Sie zeigt in dieser kurzen Spanne 25 ruckartige Bildwechsel. Die Auswahl des Sehvermögens macht daraus eine fließende Bewegung.

Solche Überlegungen haben zur Erfindung von MP3-Playern geführt. Den Forschern fiel auf, daß elektromagnetische Umformungen akustischer Signale aus einem vielfältigen Gemisch bestehen, die jedoch für menschliche Ohren großteils nicht hörbar zu machen sind. Das Kernstück des Verfahrens besteht deshalb aus technischen Filtern, die alle überflüssigen Anteile aussieben. Dadurch kam man zu einer beträchtlichen Einsparung an Daten. Dank dessen genügten fortan viel kleinere Speichergeräte, um Musikstücke aufzunehmen und abzuspielen.

Andere Winkelzüge vollführten die Regierungen von Land und Bund im Angesicht der Corona-Seuche. Sie gingen von ständig wechselnden Voraussetzungen aus, um immer zum selben Schluß zu kommen. Zunächst hieß es, die Lähmung von Handel und Wandel, zeitgemäß »Lockdown« geheißen, solle eine Überlastung des Gesundheitssystems verhindern. Die Begründung ihrer Maßnahmen folgten dem Dreischritt

Erkrankungen → Überforderung der Kliniken → Lockdown.

Als sich zeigte, daß die Gefahr nicht bestand, verwiesen die Politiker auf steigende Inzidenzen, also die Anzahl der positiven Befunde bei getesteten Personen. Nun diente die Neufassung

positive Tests → Anstieg der Zahl → Lockdown

als Anlaß, die Freiheitsrechte der Bürger einzuschränken. In vielen Fällen waren die Betroffenen aber gar nicht erkrankt. Das hätte niedrigere Zahlen ergeben und weniger bedrohlich gewirkt. Auch wurde nicht zwischen Todesfällen mit oder wegen Corona unterschieden. Als sie zurückgingen, mußte wiederum die Belegung der Intensivbetten als Maß der Bedrohung herhalten:

Erkrankungen → Bettenbelegung → Lockdown.

Als auch diese Quoten schrumpften, wurde die Vorbeugung gegen eine erneute Welle als Vorwand genutzt:

weniger Fälle → Vorbeugung → Lockdown.

Das zeigt: Begründungen sind wohlfeil. Wer etwas Bestimmtes will, findet dafür auch eine passende Deutung. Wer so vorgeht, stellt jedoch die schlüssige Reihung der Folgerung auf den Kopf. Voraussetzungen sollten stets am Anfang stehen. Hier wurden sie nachträglich von einem erwünschten Ergebnis abhängig gemacht.

Die *Neue Zürcher Zeitung* nannte das Kind beim Namen: Die Bundesregierung wolle sich wohl nicht von ihrem »Lieblingsspielzeug« trennen. Immer mehr europäische Länder würden zugleich die Beschränkungen für ihre Einwohner aufheben. Offenbar stehen politische Aussagen in krassem Gegensatz zu wissenschaftlichen Befunden. Regierer verfolgen mit ihren Verlautbarungen einen Zweck; der Inhalt ist für sie zweitrangig. Das Schweizer Blatt erfreute sich damit seines Spielraums, unerreichbar für Bevormundung durch die deutsche Obrigkeit.

Allerdings ist das Wechselspiel zwischen Annahme und Schluß zwiespältig. Es sollte auch eine ungefähre Vorstellung davon bestehen, welcher Art das Ergebnis einer Schlußfolgerung sein könnte. Auf diese Notwendigkeit stießen unter anderem Ingenieure, während sie selbständig fahrende Autos entwickelten. Damit der Bordrechner Verkehrssituationen richtig einschätzt, mußten sie dem Speicher entsprechende Vorlagen eingeben.

Nimmt eine der Kameras für die Umsicht ein Verkehrsschild auf, gleicht der Prozessor das Bild mit einem Verzeichnis der Gebots- und Verbotstafeln ab. Dasjenige mit der größten Übereinstimmung wählt er aus und richtet seine Fahrt danach. Daraus folgt im Umkehrschluß: Es bleibt unverständlich, wovon man noch nie zuvor etwas gehört oder gesehen hat.

Ebenso kann der menschliche Wahrnehmungsfilter Eindrücke nur durch Abgleich mit bekannten Vorbildern zutreffend deuten. Der Verstand greift dazu auf sein Gedächtnis zurück, auf Erfahrung, Bildung und Erziehung.

Bei den Corona-Maßnahmen der deutschen Regierung stand das Ergebnis ihrer mutmaßlichen Folgerungen jedoch vorab fest. Dazu berief sie sich zwar auf wissenschaftliche Befunde. Sie befragte allerdings vorwiegend Mediziner, deren Zustimmung zu erwarten war, wie die weisungsgebundenen Mitarbeiter des staatlichen Robert-Koch-Instituts.

Um gegen unliebsame Kritiker vorzugehen, hält die Politik die Polizei an, gegen »Haßreden« auf den Plattformen des Internets zu ermitteln. Dieser Begriff kommt in der gesamten Rechtspflege nirgends vor. Es ist indessen unmöglich, eine gesetzliche Vorschrift zu übertreten, die es gar nicht gibt. Somit fehlt es an einer Vorlage, anhand derer man einen Verstoß feststellen könnte. Die Behörden tun einfach so, als wäre sie vorhanden. Mancherorts werden geeignete Gesetze nachträglich erlassen, obwohl dies laut der Allgemeinen Erklärung der Menschenrechte unzulässig ist.

Auch ist es üblich, das Gewicht von Aussagen davon abhängig zu machen, wer etwas sagt oder entscheidet. Ob Fritz Jedermann aus Gelsenkirchen sich zur Lage äußert oder der Papst in Rom, ist noch lange nicht dasselbe. Die Kirche beanspruchte bis ins Mittelalter das Recht, die Dinge des Daseins zu deuten. Als Grundlage diente ihr die Bibel, wonach Gott die Welt erschaffen habe, sie lenke und erhalte.

Mit dem Beginn der Neuzeit hat die Wissenschaft dem Klerus diese Befugnis Stück für Stück entwunden. Heute gebärden sich vor allem manche Physiker und Mediziner als Priester und Gralshüter der Wahrheit. Auch die Medien haben sich in das Ringen um die Deutungshoheit eingeschaltet. Statt zu berichten und Lesern und Zuschauern zu überlassen, was diese darüber denken, wollen sie darüber bestimmen, wie die Leute es zu sehen hätten.

Für die mathematische Logik spielt das keine Rolle. Auch wer etwas sagt und wie viele dem zustimmen oder nicht, bleibt für die Schlüssigkeit ohne Belang. Es geht einzig darum, was verlautet oder entschieden wird, und auf welcher Grundlage.

Für einen sinnvollen Gebrauch des Wahrnehmungsfilters stehen mehrere Eingänge offen. Wer wirklich wissen will, was vorliegt, kann auf die fünf Sinne zurückgreifen: Gesicht, Gehör, Geruch, Geschmack und Gefühl. Jeder trägt zur Deutung bei. Das Unterbewußtsein legt zunächst eine Rangordnung fest und widmet seine Aufmerksamkeit dem Eindruck, der am drängendsten erscheint. Dann erfolgen Abgleiche mit den Eingaben der übrigen Sinne. Was das Auge sieht, muß mit dem übereinstimmen, was an Geräuschen zu vernehmen ist und was Nase, Gaumen und Tastsinn melden.

Auch die gesamte Logik unterliegt diesem Erfordernis von Vorlagen für folgerichtiges Schließen. Ihr dienen Bestandteile des unbewußten Wahrnehmungsfilters, die Mathematiker in Jahrtausende währender Kleinarbeit zum Vorschein gebracht haben. Immer noch grundlegende Erkenntnisse stammen von den Babyloniern, jedenfalls soweit sich das zurückverfolgen läßt.

Psychologen nennen Urbilder »Archetypen«. Sie sehen darin erbliche Gaben der Natur. Auch Verhaltensforscher beziehen sich darauf. Sie haben beobachtet, daß solche Anlagen zunächst durch Prägung im Kindesalter geweckt werden müssen. Geschieht dies nicht oder nur unzureichend, bleibt der Zugang zu mehr

Licht verschlossen. Das zeigt, wie wichtig Bildung und Ausbildung sind.

Anwender logischer Regeln und Verfahren, wie zum Beispiel die Elektrotechnik, haben nicht zufällig die größten Fortschritte erzielt. So sind Radio und Fernseher nach dem Vorbild des Wahrnehmungsfilters gebaut. Ihr Sinnesorgan ist die Antenne. Sie fängt elektromagnetische Wellen auf. Ein Drehknopf dient als Sieb, um den Empfänger auf die Frequenz eines bestimmten Senders einzustellen. Beim Fernseher sucht der Zuschauer mit der Fernbedienung den passenden Kanal aus, auf dem das gewünschte Programm eingeht.

Schaltkreise im Innern der Geräte verarbeiten die Wellen, indem sie gezielte Schwankungen der Trägerfrequenz, sogenannte »Modulationen«, in Bild und Ton umdeuten. Die einzelnen Bauteile bestehen meist wiederum aus Filtern dieser Art. Die wichtigsten sind Transistoren, die vor allem die schwachen Signale der Antenne verstärken.

All das sind freilich Modelle, Muster und Abbilder, die der Wirklichkeit möglichst nahe kommen sollten. Sie sind und bleiben unvollkommen, mag der Forschergeist auch noch so weit vordringen. Deshalb gelten alle Regeln strenggenommen in diesem Rahmen. Dort kippt eine einzige Ausnahme die schönsten Theorien. Dergleichen ist mehrmals vorgekommen. Umgekehrt wurde daraus ein einfaches und sehr wirksames Beweismittel für einen Irrtum oder eine Täuschung: das Gegenbeispiel.

In der Praxis sind derart gebieterische Regeln allerdings schwerlich durchzuhalten. Deshalb sollten vernünftige Entscheidungen, Urteile, Gesetze und

Verordnungen stets Ausnahmen zulassen. Irren ist nicht nur menschlich, sondern ein nützlicher Teil des Gefüges. Andernfalls könnte man nicht dazulernen.

Wegweiser der Logik
Filter, Wahrnehmung, Annahme,
Einwand, Abgleich, Eingabe, Verarbeitung, Ausgabe,
Voraussetzung, Deutung, Schluß, Urbilder,
Modelle, Prägung

Sinnzeichen
→ Zuordnung, Beziehung oder Zusammenhang

Kapitel 2
Orientierung

Wo viel Licht ist, ist starker Schatten …
Goethe, *Götz von Berlichingen*

Aussagen und Entscheidungen können vor allem zweierlei sein: richtig oder falsch. Derart klare Gegensätze sind praktisch, um sich im Alltag rasch zurechtzufinden. Links und rechts, warm und kalt, hoch und tief, lang und breit bilden weitere Beispiele für griffige Unterscheidungen. Deren Bedeutung hatte der griechische Denker Heraklit von Ephesos schon im Altertum hervorgehoben.

Anspruchsvolle Gemüter bekritteln dergleichen als Schwarzweißdenken. Tatsächlich lassen sich zwischen Wärme und Kälte feinere Abstufungen messen. Dafür gibt es Thermometer. Dann ginge es statt um ja oder nein um mehr oder weniger. Das gilt auch für hell und dunkel und manches andere Zweierlei. Allerdings erfordert das Sichten von Grautönen mehr Aufwand und Zeit. Die stehen nicht immer zur Verfügung.

Darüber hinaus treten auch unvereinbare Gegensätze auf, die keinerlei Zwischenstufen zulassen. Das bekannteste Beispiel bilden die linke und die rechte Hand. Legt man deren Innenseiten zusammen, befinden sich Finger und Daumen genau gegenüber. Aber Handrücken und Flächen weisen in entgegengesetzte Richtungen. Legt man sie übereinander, sind Fläche und Rücken gleichgerichtet – doch dann stimmt die Anordnung der Finger nicht überein.

Links und rechts lassen sich grundsätzlich nicht zur Deckung bringen. Derart unüberwindliches Zweierlei heißt deshalb »Händigkeit« oder »Chiralität«. Auch Moleküle gleicher Zusammensetzung können händig aufgebaut sein. Man unterscheidet sie nach rechts- und linksdrehenden. Jeder Teil solch sperriger Gegensatzpaare heißt »Orientierung«.

Die Bausteine des Lebens, die Aminosäuren, sind fast ausschließlich rechtsdrehend orientiert. Darüber hatte sich unter anderem der Chemiker und Nobelpreisträger Linus Pauling (1901–1994) verwundert geäußert: Die Einseitigkeit sei rätselhaft, denn beide Formen seien vollkommen gleichberechtigt.

Die Raumlehre beleuchtet die Ursache des Zwiespalts. Dort unterscheidet man zwei verschiedene Koordinatensysteme, die sich durch beliebige Drehungen nie zur Deckung bringen lassen. Das liegt an der unterschiedlichen Reihenfolge der Achsen.

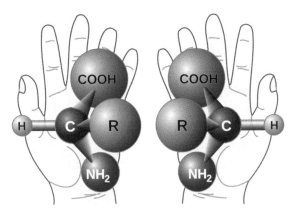

Händige Anordnung von Molekülen

Uhrzeigersinn und Gegensinn folgen aus der Händigkeit. Schaut man von hinten auf ein gläsernes Zifferblatt, entsteht der Eindruck, die Zeiger würden im

Gegensinn ↦ ↺

wandern. Nur von vorn gesehen drehen sie sich im

Uhrzeigersinn ↦ ↻.

Beide Betrachtungsweisen beschreiben jedoch ein und denselben Vorgang. Das Werk hat seinen Lauf nicht verändert. Nur der Beobachter wechselt seinen Standpunkt. Dazu bewegt er sich im Raum außerhalb der x-y-Ebene. Aber die Wahl, von welcher Seite man auf eine Drehung schaut, steht einem nicht immer frei.

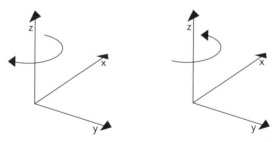

Händige Koordinatensysteme. Steht die x-Achse für den Zeigefinger, die y-Achse für den Mittelfinger und die z-Achse für den Daumen, dann entspricht das linke System der linken Hand und das rechte der rechten. Im Links-System ergibt eine Drehung um die Daumen- bzw. z-Achse von x nach y von oben betrachtet den Uhrzeigersinn und im Rechts-System den Gegensinn. Beim Anblick von unten in Richtung der z-Achse ist es genau umgekehrt. Die Achsenkreuze bleiben verschieden, egal welchen Standpunkt man wählt.

Das Gewinde von Schrauben ist auf den Uhrzeigersinn genormt und heißt »Rechtsdrehung«. Das rechte Pedal des Fahrrads hat deshalb ein Rechtsgewinde. Entsprechend ist die linke Fußraste mit einem Linksgewinde versehen; andernfalls könnte sie sich beim Radeln aufdrehen. Ohne diese Unterscheidung wären Fahrräder schwerlich konstruierbar.

Ähnlich liegen die Dinge, wenn man die Oberfläche der Erdkugel auf Landkarten abbildet. Soll die Länge der Strecken auf Kugel und Karte übereinstimmen, verzerren sich die Winkel, unter denen sich Linien schneiden. Winkeltreue Darstellungen dagegen verziehen die Streckenverhältnisse.

Zudem sind die Bezeichnungen nicht einheitlich. Landvermesser und Physiker sprechen von »Rechtsdrehung«, wenn sie den Uhrzeigersinn meinen. Aber die mathematische Geometrie hält es umgekehrt. Dort heißt der Uhrzeigersinn »Links-« und der Gegensinn »Rechtsdrehung«. Die Geodäsie, die Lehre von der Vermessung der Erde, rechnet sogar ganz in linken Koordinatensystemen. Darum sind ihre Ergebnisse mit denen aus der Gegenwelt unvereinbar.

Die uneinheitliche Festlegung wird mitunter übersehen und führt zu unerkannten Fehlern. Um den Überblick zu behalten, haben deutsche Ingenieure schon Anfang des vorigen Jahrhunderts technische Normen eingeführt: die DIN, die Deutsche Industrie-Norm.

Manche Menschen haben trotzdem Schwierigkeiten, links und rechts auseinanderzuhalten. Für sie gibt es Schuhe zu kaufen, deren rechter mit einem grünen und deren linker mit einem roten Punkt gekennzeichnet ist.

Man behilft sich also mit Farben:

Rot ↦ links und Grün ↦ rechts.

Diese Zuordnung lehnt sich an einen Brauch der Schiffahrt an. Dort wird nach Steuerbord (in Fahrtrichtung rechts) und Backbord (links) unterschieden. Entsprechend sind die Positionslampen an Steuerbord grün und an Backbord rot. Hier lautet die Zuordnung

Rot ↦ Backbord und Grün ↦ Steuerbord.

Nur dank dieser Vereinbarung läßt sich im Dunkeln auf einen Blick erkennen, wohin ein Schiff fährt. Auf Seglern ist zudem wichtig, woher der Wind weht. Bläst er einem ins Gesicht, schaut man nach Luv. Dann ist die andere Seite Lee.

Auch in der Eisenbahn läßt sich bei manchen Fahrgästen Verwirrung durch unvereinbare Gegensatzpaare beobachten. Lautet die Ansage: »In Fahrtrichtung rechts aussteigen«, ist die Sache klar. Fehlt der Hinweis auf die Fahrtrichtung und jemand schaut gerade zurück, stellt er sich an der falschen Seite an.

Weitere chirale Beispiele bilden die Pole der Erde Nord und Süd. Bei Magneten erkennt man gegensätzliche Pole daran, daß sie sich anziehen. Aus demselben Grund heißen elektrische Ladungen »positiv« oder »negativ«. Träger positiver elektrischer Ladung nennt man »Ionen«. Solche negativer Ladung werden als »Elektronen« bezeichnet.

Einem ähnlichen Zwiespalt sehen sich Raumforscher gegenüber. Entfernung oder Größe von Sternen lassen sich nur ermitteln, wenn eines von beiden bekannt ist. Ein riesiger Himmelskörper erscheint winzig, wenn er weit weg ist. Das gilt für die meisten Fixsterne. Sie sind nur als Punkte erkennbar, obwohl es sich um Sonnen handelt, die oft viel größer sind als unser Taggestirn. Vergleichsweise kleine, wie der Mond, kommen einem dagegen groß vor, weil sie in der Nähe stehen.

Ebenso kann man waagerechte Geraden im Raum in zwei entgegengesetzte Richtungen orientieren, und zwar mit einem Durchlaufsinn nach links oder nach rechts. Wenn sie senkrecht steht, geht es nach oben oder nach unten. Doch das sind auch nur Betrachtungsweisen wie beim Drehsinn. Im Weltraum gibt es weder links noch rechts und ebensowenig oben oder unten – alle Richtungen sind gleichberechtigt.

Mit dieser Vorstellung tut sich mancher schwer, weil er von Kindesbeinen an geklärte Verhältnisse gewohnt ist. Doch genauer besehen ist »unten« auf der Erde die Richtung zum Mittelpunkt des Globus und »oben« in Gegenrichtung hinaus ins All. Da die Erde sich dreht und zudem um die Sonne kreist, deutet eine nach oben gerichtete Gerade auf einen ruhelosen Punkt, der ständig über den Hintergrund des Sternenhimmels wandert.

Auch Buchstaben des lateinischen Alphabets unterscheiden sich danach, ob sie orientiert sind oder nicht. In der hier verwendeten Schriftart sind sechs von 26 von links nach rechts offen. Das heißt im europäischen Sinn des Schreibens und Lesens:

C, E, F, G, K, L.

Beim J ist es genau umgekehrt. Weitere vier richten ihre Rundung in Schreibrichtung:

B, D, P, R.

Nur schwach orientiert sind

N, Q.

Die Richtung des N ist einzig durch seine Diagonale von links oben nach rechts unten angedeutet. Würde man es spiegeln, wäre das kaum ein Unterschied. Das Q weist allein mit einem winzigen Fußschnörkel dorthin. Unentschieden sind

S, Z.

Die obere Hälfte des S ist nach rechts offen, die untere aber nach links. Beim Z verhält es sich andersherum. Elf Buchstaben sind ungerichtet:

A, H, I, M, O, T, U, V, W, X, Y.

Sie sehen zu beiden Seiten gleich aus. Auch die Abfolge der Buchstaben ist orientiert. Anderswo ist es umgekehrt, in manchen Ländern Asiens von oben nach unten.

Orientierungen bilden mithin ein grundlegendes Merkmal, um sich in der zivilisierten Welt zurechtzufinden. Die wichtigsten Entscheidungen im Leben sind chiral, wie etwa Sieg oder Niederlage und schuldig oder unschuldig vor Gericht. In manchen Sportarten können

Kämpfe zwar unentschieden ausgehen. Sonst bedeutet dieses Ergebnis meist nur, daß die Entscheidung vertagt wurde.

Nicht zuletzt ist Händigkeit ein Baustein der Logik. Beim folgerichtigen Schließen begegnet man diesem Sachverhalt auf Schritt und Tritt. Hier spricht man von »Dualität«. Der Ausdruck stammt vom lateinischen Wort »duo« für »zwei«. Logische Begriffe sind meist orientierte Aussagen.

Um 1700 entdeckte das Universalgenie aus Hannover Gottfried Wilhelm Leibniz (1646–1716), daß man alle Zahlen allein durch die beiden Ziffern 0 und 1 darstellen kann. Dazu ordnete er ihnen den Stellenwert von Vielfachen der 2 zu statt der 10 wie im Dezimalsystem. Mit dem Zweierverfahren, dem »binären« oder »dualen« System, legte Leibniz die begriffliche Grundlage für das digitale Zeitalter und mehr.

Eine kurze Folge zweiwertiger Zahlen verdeutlicht das Muster der Leibnizschen Zählweise. Für 0 und 1 ändert

Gottfried Wilhelm Leibniz um 1700. Porträt von Christoph Bernhard Francke

sich nichts. Erst die duale 2 wird durch die dezimale 10 dargestellt.

0 ↦ 0
1 ↦ 1
2 ↦ 10
3 ↦ 11
4 ↦ 100
5 ↦ 101
6 ↦ 110
7 ↦ 111
8 ↦ 1000
9 ↦ 1001

Damit kann man ebenfalls unbegrenzt addieren und multiplizieren sowie jede andere Rechenart ausführen. Den Zusammenhang zwischen der digitalen Welt und der Leibnizschen Zählweise stellen zwei Spannungspegel her:

niedrig ↦ 0 und hoch ↦ 1.

Nur diese beiden Zustände kann ein Bit annehmen, die kleinstmögliche digitale Einheit. Sie heißt so nach dem englischen Ausdruck »binary digit« für »binäre Ziffer«. Wie viele andere Ausdrücke aus dem Kauderwelsch der Elektroniker kommt dieser von den Angelsachsen. Das liegt daran, daß Deutschland den Anschluß an diesen zukunftsträchtigen Zweig der Technik verloren hat. Das Volk des Bahnbrechers Konrad Zuse kann selbst keine Computer mehr herstellen. Ursache ist ein verheerender Einbruch im Bildungssystem. Es fehlt an Nachwuchs in den MINT-Fächern: den Bereichen der <u>M</u>athematik, <u>I</u>nformatik, <u>N</u>aturwissenschaft und <u>T</u>echnik. Eine verblendete Kulturbürokratie behindert diese Schlüsselbereiche schon seit langem mit unsinnigen Sparmaßnahmen und fördert statt dessen wirklichkeitsferne Geistes- und Scheinwissenschaften wie die »Gender Studies«.

Die Informatik weist den binären Ziffern 0 und 1 überdies sogenannte Wahrheitswerte zu, und zwar mittels

$$0 \mapsto \text{falsch} \quad \text{und} \quad 1 \mapsto \text{wahr.}$$

Damit entwirft sie logische Schaltkreise, die unter bestimmten Voraussetzungen Entscheidungen treffen können. Doch zu welchen Höhen die Digitalisierung die oft beschworene künstliche Intelligenz auch treiben mag – selbst Quantenrechner werden an die dualen Grundlagen gebunden bleiben.

Unschön wirkt der Umstand, daß »wahr« und »falsch« im Sprachgebrauch keine Gegensätze bilden wie »kurz« oder »lang«. Das Gegenteil von »falsch« wäre »richtig«. »Wahr« kann zweierlei bedeuten: »tatsächlich« oder »aufrichtig«. Das Gegenteil wären »unwirklich« oder »gelogen«. Doch es hat sich anders eingebürgert.

Manche Leute tun sich mit dem Zweierverfahren schwer, weil sie es anders gewohnt sind. Die Hürde besteht darin, daß man oft nicht zwischen Zahl und Ziffer unterscheidet. Eine Ziffer ist eine von vielen Möglichkeiten, eine Zahl darzustellen.

Ehedem sah man das klarer. Alte Uhren tragen statt der Zahlen aus arabischen Ziffern von 1 bis 12 mitunter noch die Schreibweise der Römer:

I, II, III, IV, V, VI, VII, VIII, IX, X, XI, XII,

also eine Darstellung der Stundenfolge durch Großbuchstaben. Auch das ist nur eines von vielen Verfahren, die in der Kulturgeschichte aufgetreten sind. Die südamerikanischen Inka knüpften Zahlen als Knoten zu Strängen. Die binäre Fassung nach Leibniz bildet offenbar die einfachste von allen.

Wegweiser der Logik:
Gegensätze, Händigkeit, Chiralität,
links- und rechtsdrehend, Orientierung,
Zuordnung, Wahrheitswerte

Sinnzeichen:
$0 \mapsto$ falsch und $1 \mapsto$ wahr
Uhrzeigersinn $\mapsto \circlearrowright$
Gegensinn $\mapsto \circlearrowleft$

Darstellung des Syllogismus nach Gregor Reisch (um 1470–1525) in der *Margarita philosophica* aus dem Jahr 1503. Die beiden Hunde Veritas und Falsitas jagen den Hasen Problema, die Logik eilt mit dem Schwert Syllogismus hinterher.

Kapitel 3
Schlüssigkeit und Wahrheit

Ich nahm die Wahrheit mal aufs Korn
und auch die Lügenfinten.
Die Lüge macht sich gut von vorn,
Die Wahrheit mehr von hinten.
Wilhelm Busch

Als sich die Denker von einst noch mit lateinischen Ausdrücken verständigten, hieß die Wahrheit »veritas« und die Verkehrtheit »falsitas«. Eine Folgerung nannte man »Syllogismus«.

Der Syllogismus ging von einem Obersatz aus, auch »erste Voraussetzung« oder »erste Prämisse« genannt, wie etwa: »Alle Menschen sind sterblich.« Eine zweite Prämisse war der sogenannte Untersatz, etwa: »Alle Griechen sind Menschen.« Daraus war zu folgern: »Alle Griechen sind sterblich.«

Freilich brauchte es den Syllogismus nicht, um zu wissen, daß auch Griechen nicht ewig leben. Das

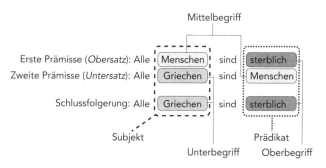

Beispiel für einen klassischen Syllogismus

schlichte Beispiel diente dazu, die Schlußweise möglichst durchsichtig zu machen. Allerdings kommen diese Formalitäten etwas aufgeplustert daher.

Die mathematische Logik hat die Angelegenheit auf ein handlicheres Maß gestutzt. Sie führte diese Art zu folgern auf Drittwirkung zurück, auch »Transitivität« genannt. Das bedeutet soviel wie: Wenn zwei Dinge mit einem dritten zusammenhängen, dann besteht auch zwischen ihnen ein Zusammenhang. Aus dem Obersatz

$$\text{Griechen} \mapsto \text{Menschen}$$

und dem Untersatz

$$\text{Menschen} \mapsto \text{sterblich}$$

ergibt sich die Verkettung

$$\text{Griechen} \mapsto \text{Menschen} \mapsto \text{sterblich}.$$

Daraus folgt drittwirksam:

$$\text{Griechen} \mapsto \text{sterblich}.$$

Damit erhält der Syllogismus eine schlankere Gestalt. Das Verfahren kann man nach oben und unten bzw. nach rechts und links erweitern. Durch Hinzunahme der Bewohner von Athen entsteht ein neuer Satz, dem zufolge alle Athener Griechen sind, also

$$\text{Athener} \mapsto \text{Griechen}.$$

Folglich gilt auch

$$\text{Athener} \mapsto \text{Griechen} \mapsto \text{Menschen} \mapsto \text{sterblich}$$

und mithin

$$\text{Athener} \mapsto \text{sterblich}.$$

Transitivität bildet somit das gegebene Rezept für sogenannte Argumentationsketten. In dieser Kürze sind sie leicht zu durchschauen. Mit zunehmender Länge wird die Übersicht jedoch schwieriger. Damit nimmt auch die Versuchung zu, strittige Gegebenheiten einzuflechten.

Mitunter wird Drittwirksamkeit irrtümlich verwendet oder absichtsvoll vorgetäuscht. So ist es etwa allgemein üblich, von einer Organ*spende* zu sprechen, obwohl etliche Länder sie längst zur gesetzlichen Pflicht erhoben haben. Wer sich nach dem Tod nicht ausschlachten lassen will, muß ausdrücklich Widerspruch einlegen. Darum ist die Kette

$$\text{Organ} \mapsto \text{Spende} \mapsto \text{Pflicht}$$

nicht wirklich drittwirksam. Eine Spende bedeutet eine freiwillige Gabe, eine Pflicht dagegen zumindest mittelbaren Zwang. Auch bei der Juli-Flut von 2021 in Rheinland-Pfalz und Nordrhein-Westfalen sowie bei der Begründung des Lockdowns in Sachen Corona bildeten einige Argumentationsketten keine schlüssigen Folgerungen, sondern eher willkürliche Reihungen.

Obendrein kann eine drittwirksame Kette folgerichtig und trotzdem unwahr sein. Das erscheint auf den ersten Blick widersinnig. Wie die Dinge zusammenhängen, zeigt sich am Beispiel der beiden Richtungen des Drehsinns:

Uhrzeigersinn ↦ ↻ und Gegensinn ↦ ↺.

Sie hängen davon ab, von welcher Seite man den Vorgang betrachtet. Zu beobachten ist diese Erscheinung tagtäglich, wenn man an Windrädern vorüberfährt. Falls deren Drehebene ungefähr senkrecht zur Fahrtrichtung steht, springt der Sinn um, sobald der Beobachter auf gleiche Höhe kommt. Das Rad dreht sich freilich unverwandt weiter.

Doch welcher Sinn ist der richtige? Keiner von beiden – oder alle beide. Wer aus der Richtung auf die Räder schaut, aus der der Wind weht, sieht sie im Uhrzeigersinn drehen. Das ergibt folgende Kette von Zuordnungen:

Luv ↦ ↻ ↦ wahr.

Auf der vom Wind abgekehrten Seite ergibt sich ein anderes Bild:

Lee ↦ ↺ ↦ wahr.

Dann wäre also der Gegensinn der richtige. Das widerspricht dem ersten Schluß. Umgekehrt hätte man zudem

Luv ↦ ↻ ↦ falsch

sowie

$$\text{Lee} \mapsto \circlearrowleft \mapsto \text{falsch.}$$

Für das Windrad aber gilt entweder – oder. Es kann sich nur in einem Sinn drehen. Sämtliche Sichtweisen sind jedoch gleichermaßen berechtigt, obwohl sie zu gegensätzlichen Ergebnissen führen. Darum bleibt letztlich jede Richtung so wahr oder so falsch wie jede andere, mögen sie auch folgerichtig hergeleitet sein.

In diesem Beispiel löst sich der Widerspruch auf, wenn man die unterschiedlichen Standpunkte berücksichtigt. Aber in der Praxis des Alltags liegt der Fall nicht immer so klar. Mitunter gehen Streithähne von verschiedenen, aber gleichwertigen Vorgaben aus. Dann bleiben ihre Wortgefechte fruchtlos. Sie werden sich nie einig.

Der Zwiespalt von Folgerichtigkeit und Wahrheit mag manchen Sinnsucher, der sich von der Logik letzte, tiefere Wahrheiten erhofft hat, enttäuschen. Doch das Nebeneinander hat einen triftigen Grund: Logik ist eine Voraussetzung für Wahrheit. Wenn schon die Herleitung einen Webfehler aufweist, kann auch das Ergebnis kaum stimmen. Doch Schlüssigkeit bildet keine hinreichende Bedingung für Wahrheit. Es bleibt immer noch möglich, daß der Befund »falsch« ist, wie soeben dargelegt.

Die Änderung eines einzigen Glieds der Kette kann die Sache kippen. So wären Windräder technisch machbar, die von Luv aus betrachtet im Gegensinn drehen. Dazu brauchte man nur die Form der Flügel anders zu gestalten. Damit würde das Ergebnis der Argumentationskette noch von einer weiteren Voraussetzung abhängig, ohne das Zweierlei zu beenden.

In der Physik der Quanten geht der Einfluß des Betrachters so weit, daß schon die Messung einer Naturerscheinung das Ergebnis vorab festlegt. Der Anspruch von Ideologen, im Besitz unumstößlicher Wahrheiten zu sein, zeugt daher vor allem von einer Unkenntnis der Regeln folgerichtigen Schließens. Gänzlich abwegig sind deren Unterteilungen nach »gut« und »böse«. Diese Begriffe kennzeichnen vielmehr das Ende jeder sinnvollen Erörterung.

»Wir suchen die Wahrheit, finden wollen wir sie aber nur dort, wo es uns beliebt.« So hat die Schriftstellerin Marie von Ebner-Eschenbach (1830–1916) eine gängige Einstellung mancher Menschen beschrieben. Das zeigt, wie vielfältig die Abhängigkeit solcher Begriffe vom Standpunkt des Betrachters sein kann.

Zudem ist es nicht immer klug, die Wahrheit zu sagen – sie wird mitunter als taktlos empfunden. Wie es in der Öffentlichkeit darum bestellt ist, läßt sich an einem armenischen Sprichwort ermessen, das derzeit wieder öfter die Runde macht: »Wer die Wahrheit sagt, braucht ein schnelles Pferd.«

Solche Sichtweisen zeugen vom Unterscheidungsvermögen des Wahrnehmungsfilters. Das läßt sich auch daran ermessen, was es bedeutet, ein Wort zu entziffern. Schon mit fünf Buchstaben kann man mehrere Millionen verschiedene Zeichenketten bilden, wenn einzelne Lettern wie üblich mehrfach auftreten dürfen. Die allermeisten davon, wie etwa »pkktk«, kommen jedoch in keiner Sprache vor. Der Wortschatz bildet die gefilterte Auswahl eines kleineren Teils sinnvoller Buchstabenreihen. Aber auch das Entschlüsseln von deren Bedeutung verlangt einiges an Übung.

Mit den Begriffen »entschlüsseln« und »verschlüsseln« bezeichnet der Sprachgebrauch gewöhnlich Verfahren, um Mitteilungen kenntlich bzw. unkenntlich zu machen. Der Inhalt einer Botschaft soll verheimlicht werden. Nur ein bestimmter Empfänger weiß um die Regeln, sie zu deuten. Schreiben und Lesen sind im Grunde dasselbe. Aber die Absicht dahinter ist jeweils das genaue Gegenteil. Der gebildete Mensch übt das Entschlüsseln der Buchstabenketten von Kindesbeinen an und lernt, selbst bestmöglich zu verschlüsseln. Das erwünschte Ergebnis heißt »Rechtschreibung«.

Versuche haben Einzelheiten dieses Vorgangs aufgezeigt. So bleiben Zeichenketten wie »Hnud« und »Kazte« trotz fehlerhafter Reihung verständlich, wenn wenigstens der Anfangsbuchstabe und die Endung mit dem richtigen Muster übereinstimmen. Schon geeignet programmierte Computer beherrschen solche fehlertoleranten Deutungen inzwischen, weil Mathematik und Informatik herausgefunden haben, worauf es dabei ankommt, nämlich auf Anlaut und Auslaut.

Allerdings stellen Globalisierung, Digitalisierung und eine überbordende Reizüberflutung wachsende Anforderungen an das Verdauungsvermögen des Filters. Zudem brachte eine Dokumentation des deutsch-französischen Senders Arte über die Erforschung von Intelligenz wenig Erbauliches: Alle Forscher, die der Sender befragte, bescheinigten den Zeitgenossen eine Abnahme ihrer geistigen Fähigkeiten. So hätten sich die menschlichen Schaltzeiten seit rund 150 Jahren mehr und mehr vergrößert. Anders gesagt: Wir haben eine lange Leitung, und sie wird immer länger. Das hat mehr mit Begriffsvermögen und Auffassungsgabe zu tun, als man meinen möchte.

Wer etwa eine stark befahrene Straße überqueren will, findet nur kleine Lücken im Verkehrsstrom. Braucht jemand recht lange, um sie abzuschätzen und sich für eine Überquerung zu entscheiden, können sich die Abstände schon wieder schließen. So entstehen manche Unfälle.

Überdies, so befanden die Forscher, habe das Wachstum des Gehirns vor etwa 15 000 Jahren seinen Höhepunkt überschritten; seither gehe es damit bergab. Ein Zusammenhang zwischen Umfang des Steuerorgans und Geistesgaben wird derzeit jedoch bestritten. Einer der Gründe ist, daß Frauen durchschnittlich 150 Gramm weniger Denkmasse haben als Männer. Dieser wissenschaftliche Befund ist mit dem geharnischten Feminismus der Gegenwart unvereinbar. Demnach müßte es ein riesengroßer Zufall sein, daß die beste Frau unter den Schachspielern in der Weltrangliste auf Platz 84 liegt. Das war im Herbst 2021 die Chinesin Hou Yifan. Selbstverständlich gibt es kluge Frauen. Aber der Schwerpunkt ihrer Fähigkeiten ist anders gelagert als bei Männern. Zudem wollen Besserwisser den Leuten weismachen, das Geschlecht des Menschen sei wählbar …

In der Dokumentation von Arte hieß es weiter, Wissenschaftler und Ingenieure hielten sich auf ihre Fortschritte einiges zugute. Aber dies sei die Folge allgemeiner Schulbildung. Deren Möglichkeiten seien mittlerweile ausgereizt. In manchen Ländern, wie

Großbritannien, gehe der durchschnittliche IQ bereits zurück. Mit der Abkürzung IQ ist der Intelligenzquotient gemeint, eine Maßeinheit für gewisse Verstandesgaben.

Doch um die ernüchternden Berichte blieb es merkwürdig still. Es sind nicht die einzigen, über die in der Öffentlichkeit hinweggegangen wurde, als gäbe es sie nicht. Ähnlich Freudloses brachte eine Erhebung von Wissenschaftlern um Hans-Ulrich Wittchen von der Technischen Universität Dresden zur geistigen Gesundheit der Europäer ans Licht. Demnach bedürfen fast vierzig von hundert von ihnen einer psychotherapeutischen Behandlung. Auch von den übrigen sechzig Prozent seien etliche nicht ganz auf der Höhe. Keine erkennbaren Schäden wies nur eine Minderheit auf.

Wie ernst es damit steht, belegte auch ein Kommentar des öffentlich-rechtlichen Fernsehens. Dort lobte ein Sprecher den jähen Anstieg der Preise bei Öl und Gas im Oktober 2021 mit den Worten: »Er ist da, der Preisschock. Gut so!« Der Kommentator begründete sein seltsames Lob mit dem Klimawandel: Dessentwegen solle man froh sein, daß »wir gezwungen werden, Konsum und Produktion zu ändern«.

Wer es begrüßt, wenn man ihn schröpft, ist offenbar nicht ganz bei sich. Auch der Wunsch, gegängelt zu werden, zeugt von einer ungesunden Geisteshaltung. Psychiater bewerten derartiges Verhalten als Masochismus. Darum sind solche Wortmeldungen ein Grund zur Beunruhigung. Immerhin handelte es sich um den Leiter einer Programmgruppe. Seine Äußerung wurde im Rahmen der »Tagesthemen« millionenfach verbreitet. Um dergleichen zu ermöglichen, muß es beim Fernsehen eine größere Umgebung vergleichbar gearteter Leute geben.

Nicht zuletzt drückt der anschwellende Lärmpegel auf die allgemeine Fähigkeit des Menschen, seine Gedanken zu sammeln. Die technische Zivilisation beschert immer mehr und immer lautere Maschinen. Das Getöse vom schweren Gerät der Baustellen, von den Mähdreschern der Landwirtschaft und den röhrenden Verkehrsmitteln zu Lande, zu Wasser und in der Luft nimmt überhand. Statt Blätterrauschen und Vogelsang erfüllen das Gedröhn von Rasenmähern und das Gekreisch von Trimmern die Sommerluft.

Nur gut, daß Goethes *Faust* schon geschrieben ist! In den Industrieländern des 21. Jahrhunderts fänden Dichter schwerlich einen ruhigen Platz für ein Stelldichein mit den Musen, selbst wenn sie so begabt wären wie die Poeten von einst. Dem irisch-britischen Schriftsteller James Gordon Farrell schwante, was die Stunde geschlagen hat. Er schrieb: »Wir schauen mit Herablassung auf vergangene Zeitalter, als wären sie nur ein Vorspann für uns. Was aber, wenn *wir* nur ein Nachglanz von *ihnen* sind?«

Da ist gut beraten, wer sich nicht ins Bockshorn jagen läßt, seine fünf Sinne zusammennimmt und auf Logik baut statt auf das, was am lautesten und am meisten verkündet wird. Sprache ist jedoch zu umständlich, um die wichtigsten Regeln folgerichtigen Schließens darzulegen. Worte lassen sich in mehrfacher Hinsicht auslegen. Das dient der rascheren Verständigung, wenn es auf die Einzelheiten nicht so genau ankommt.

Zwingende Logik verlangt jedoch Schlüssigkeit ohne Ausnahme. Dazu hat man besondere Zeichen und Symbole entwickelt. So ist ein logisches Alphabet entstanden, mit dem sich entscheidende Begriffe eindeutig umreißen lassen. Dessen wichtigste Zeichen sind jedoch selbsterklärend und leicht verständlich.

Wegweiser der Logik:
Syllogismus, Prämisse,
Voraussetzung, Obersatz, Untersatz,
Drittwirkung, Transitivität,
Argumentationsketten

Sinnzeichen:
$A \mapsto B \mapsto C$
als drittwirksame Zuordnung von A zu C

ZWEITER TEIL

WERKZEUGE DER LOGIK

Für sinnvolle Aussagen braucht es zuallererst einen Überblick, in welchem Rahmen gefolgert werden soll. Dazu gehört, ähnliche Dinge zusammenzufassen und verschiedene auseinanderzuhalten. Das bewirkt die Ordnung stiftende Mengenlehre. Sie macht aus einer wirren Vielheit ein überschaubares Gefüge.

Ihre Werkzeuge sind Begriffe. Sie greifen anhand von Gegensätzen, die einander bedingen. Etwas wird für hoch befunden, weil es auch niedrig gibt. Veränderlichkeit waltet, wo auch Festigkeit besteht. Anders gesagt: Logik ist zweigesichtig, auch »dual« geheißen. Aus diesem Zwiespalt ergeben sich schlüssige Folgerungen und Irrtümer, Sinn und Unsinn, Regelhaftigkeit und Widerspruch.

Kapitel 4
Unterschiede und Gemeinsamkeiten

Der Unterschied zwischen dem richtigen Wort und dem beinahe richtigen ist derselbe Unterschied wie zwischen dem Blitz und dem Glühwürmchen.
Mark Twain

Eine Scherzfrage lautet: Was war zuerst da, das Huhn oder das Ei? Eine ernsthafte Antwort lautet: Keines von beiden – es handelt sich um einen Kreislauf mit verschiedenen Stufen bei der Fortpflanzung von Vögeln. Die Nutzanwendung des Ulks besteht in der Erkenntnis, daß nicht jede Frage sinnvoll ist. Eine zielführende Suche nach Erklärungen setzt voraus, daß man weiß, wovon man redet.

Das ist in diesem Fall nicht weiter schwierig, wenn einem die Anfangsgründe der Biologie vertraut sind. Doch vor allem in Rechtsfragen tauchen mitunter Begriffe auf, deren Bedeutung sich nicht ohne weiteres erschließt. Zum Verständnis werden vielfach sogenannte Definitionen mitgeliefert. Aber die helfen nur weiter, wenn dazu keine Ausdrücke verwendet werden, die ebenso rätselhaft sind, wie das bei manchen Formularen für Steuererklärungen der Fall ist.

Was ein klares Wort ist, vermittelt die Mengenlehre. Als diese spielerisch wirkende Kunde vor Jahren an den Schulen eingeführt wurde, waren vor allem die Eltern ratlos. Die meisten von ihnen hatten in ihrem Leben noch nichts davon gehört – jetzt sollte das auf einmal Lehrstoff für ihre Kinder sein!

Mittlerweile sind die mengengelehrten Schüler von einst selbst Väter oder Mütter. Doch das Rätselraten dauert offenbar an. So veranschaulichte das elektronische Lexikon Wikipedia eine Menge mit einem Oval, das eine Trommel, eine Gitarre, eine Kamera und eine Spielkarte umschließt.

Das ist zwar eine Menge, aber wozu sie gut sein soll, erschließt sich nicht. Brauchbare Mengen fassen Dinge aufgrund mindestens einer gemeinsamen Eigenschaft zusammen, um sie so von anderen zu unterscheiden. Dafür wurden sie von dem deutschen Mathematiker Georg Cantor (1845–1918) geschaffen.

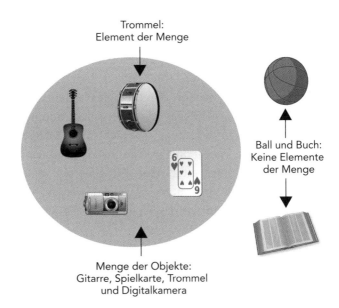

Veranschaulichung einer Menge in der Wikipedia

Gitarre und Trommel zählen zu den Musikinstrumenten. Doch Spielkarte und Kamera fehlen der Bezug zu schönen Klängen. Auch miteinander haben sie sowenig zu tun wie Kinderkram mit Cantors bahnbrechender Leistung. Die ist für die Geistesgeschichte vergleichbar bedeutsam wie die Entdeckung Amerikas.

Um den Nutzen der Mengenlehre herauszuschälen, eignet sich eher ein nüchternes Beispiel wie das Alphabet der lateinischen Kleinbuchstaben. Dazu setzt man sie in geschweifte Klammern:

$$\{a, \ldots, z\}.$$

Die Punkte zwischen a und z bedeuten, der Leser möge gedanklich ergänzen, was fehlt. Dieses Ansinnen entspringt weder Dünkel noch Schlendrian. Die Kenntnis der Buchstaben darf vorausgesetzt werden. Deshalb ist die vollständige Angabe entbehrlich. Ein Wesenszug der Logik besteht gerade darin, eine Sache auf das unverzichtbare Mindestmaß zu beschränken. Erst wenn man

Georg Cantor (1845–1918).
Eines seiner vielen Verdienste war die Entwicklung der Mengenlehre.

alles Nebensächliche wegläßt, erschließt sich der Kern der Angelegenheit.

Wortreiche Beschreibungen, seien sie noch so treffend und gekonnt, kommen dem Gelben vom Ei nie so nahe. Das liegt unter anderem daran, daß Sprache stets eine gewisse Gefühlsfracht mit sich herumschleppt. Empfindungen des Gemüts, so schön sie sein mögen, vernebeln die klare Luft, in der Denkgesetze gedeihen. Man mag diesen Standpunkt herzlos nennen. Doch er liegt »jenseits von Gut und Böse«, wie der Ausnahmedenker Friedrich Nietzsche aus Sachsen-Anhalt dergleichen eingeordnet hat.

Die Bestandteile von Mengen heißen Elemente. Zum Kennzeichnen der Zugehörigkeit eines Elements dient das Symbol $\in$. Es ist vom griechischen Epsilon (ε oder ϵ) hergeleitet. Damit kann man denkbar knapp ausdrücken, daß x ein lateinischer Kleinbuchstabe ist:

$$x \in \{a, \ldots, z\}.$$

Der Ausdruck benötig einschließlich Komma und Punkten ganze elf Zeichen. Bündiger läßt sich das kaum fassen. Im Unterschied dazu nehmen sich erläuternde Redensarten geradezu geschwätzig aus.

Sinnvolle Mengen besitzen vor allem zwei Merkmale. Das eine ist die gemeinsame Eigenschaft aller Elemente. Hier besteht ihre verbindende Eigenart darin, Kleinbuchstaben zu sein. Darin unterscheiden sie sich etwa von den Großbuchstaben. Untereinander sind sie jedoch alle verschieden:

$$a \neq b \neq, \ldots, \neq y \neq z,$$

und zwar bezüglich einer anderen Eigenschaft: des Lautwerts, den jedes Element versinnbildlicht. Gleichheit und Gemeinsamkeit nach außen und eine Unterscheidbarkeit im Innern machen eine Menge aus.

Die gleichzeitige Geltung zweier gegensätzlicher Wesenszüge bildet ein weiteres Beispiel für die Dualität der Logik. Gleichheit kann es in der Tat nur geben, wo auch Verschiedenheit vorkommt, und umgekehrt. Nur so lassen sich Begriffe eindeutig fassen.

Schöngeister mögen solche Regeln beengend finden. Einige schmähen dergleichen als Schubladendenken. Doch dieser Vorwurf ist unbegründet. Elemente können beliebig vielen Mengen angehören. Wegen seiner Eigenschaft, einen besonderen Sprachlaut darzustellen, zählt ein Buchstabe wie das z auch zu den Schriftzeichen anderer Alphabete, die denselben Zweck erfüllen, wie

$$z \in \{z, ʒ, ζ, ц\}.$$

Hier ist es Fraktur mit ʒ, das Zeta (ζ) aus dem griechischen und das ц aus dem kyrillischen Alphabet. Das ist eine Zweitmenge, zu der das Element ebenso gehört. Dasselbe gilt für jeden anderen Kleinbuchstaben, wie etwa

$$b \in \{b, ɓ, β, б\}.$$

Darüber hinaus stehen Elementen viele Arten von Mitgliedschaften in Drittmengen, Viertmengen und höherer Ordnung offen. Alle zusammen bilden ein Gefüge, das sich mit den Rollen vergleichen läßt, die ein Mensch in der Gesellschaft spielt. Er kann Schüler einer Klasse sein oder Mitglied eines Sportvereins. Als Erwachsener tritt er bei Wahlen als Staatsbürger auf, als Ehemann oder als Kollege im Beruf und in mancher anderen Hinsicht.

Erstmenge ist dabei diejenige, mit der er es gerade zu tun hat. Deren Rang kann sich verschieben, sobald eine andere Rolle in den Vordergrund tritt. Mitunter befinden sich die Anforderungen zweier Mengeneigenschaften im Widerstreit. Dann muß sich der gute Mann entscheiden, welche ihm wichtiger ist. Solche Lebenslagen empfindet der Mensch als Freiheitserlebnis, sofern ihm die Wahl offensteht.

Welche Dinge er welchen Mengen zuordnet, darin ist jedermann frei. Die Auswahl wird von seinem Weltbild geprägt. Das ist mitunter jedoch reichlich wirr. So mißachten viele Raucher, daß der Aschenbecher der richtige Ort für ihre Kippen wäre. Sie zählen auch die ganze Erde zur Menge der geeigneten Abfallbehälter. Im Ergebnis verschandeln die Stummel alle Ecken, wo niemand den Müll aufliest. Zu Lande, zu Wasser und im erdnahen Weltraum nehmen Abfälle aller Art, vor allem aus Plastik, lebensbedrohliche Ausmaße an.

Das zeigt, daß ein Großteil der Menschen orientierungslos durch den Alltag irrt. Die zunehmende Vermüllung der Welt läßt darauf schließen, daß immer mehr den Überblick verlieren. Georg Cantors tiefgreifende Entdeckung gibt dem Menschen ein Verfahren an die Hand, um sein persönliches Mengengefüge von Irrungen und Wirrungen freizuhalten. Nur so ist folgerichtiges Schließen möglich.

Schwärmerische Anhänger seiner Lehre nannten sie ein Paradies. Das läßt sich aber nur nutzen, wenn man ihm angemessene Sorgfalt widmet. Die Redensart vom Verständnis »im großen Ganzen«, wenn auch nicht in allen Einzelheiten, ist ein Zeichen von Bequemlichkeit.

Der Teufel steckt bekanntlich im Detail. Um ihn auszutreiben, kann manchmal auch ein Hinweis dahingehend hilfreich sein, was nicht gilt. So bringt es nichts, ein Element zweimal oder öfter in ein und derselben Menge aufzuführen. Es wäre »doppelt gemoppelt«, wie Schüler das nennen, und ändert nichts an der Sache. Darstellungen wie

$$\{x, x, y\} = \{x, y\} = \{x, y, y\}$$

sind demnach müßig oder überflüssig. Wer das im Auge behält, ist durch Aussagen wie »Die Basis ist die Grundlage des Fundaments« nicht zu beeindrucken. So klingt Schwulst, der unter dem Deckmantel von Bedeutungsschwere daherkommt.

Umgekehrt wird es dem geschulten Zuhörer auffallen, wenn Sprecher von der Sache abweichen oder um den heißen Brei herumreden. Bei Politikern ist dergleichen oft zu beobachten. Statt auf unbequeme Fragen zu antworten, reden sie von Dingen, die sie bekannt machen möchten. Im Rahmen des Buchstabenbeispiels ausgedrückt hieße die Frage »Ist x ein Kleinbuchstabe?«

$$x \in \{a, \ldots, z\}?$$

Eine Politikerantwort wäre: »X ist ein Großbuchstabe!«

$$X \in \{A, \ldots, Z\}!$$

Dazu ist es gut zu wissen, wann sich Mengen gleichen. Das ist der Fall, wenn sie dieselben Elemente enthalten, wie zum Beispiel

$$\{a, z\} = \{z, a\}.$$

Auf die Reihenfolge kommt es nicht an. Freilich ist es zweckmäßig, weil übersichtlicher, wenn Buchstaben die alphabetische Reihenfolge einhalten. In dem Fall

$$\{a, z\} \neq \{z, x\}$$

sind die Mengen verschieden. Zwar enthalten sie mit z ein gemeinsames Element, aber a und x gehören nur je einer der beiden an. Besitzen Mengen keine gemeinsamen Elemente, wie

$$\{a, b\} \neq \{x, y\},$$

dann nennt man sie »fremd«. Diese Merkmale dienen einer der wichtigsten Fähigkeiten, nämlich der, unterschiedliche Dinge auseinanderzuhalten. Zwei Elemente sind insbesondere dann ungleich, wenn sie fremden Mengen angehören. Freilich sind auch Bestandteile derselben Menge verschieden. Aber jedes gilt bezüglich einer anderen Eigenschaft, wie angemerkt. Leichter ist deshalb eine Unterscheidung nach der Mengeneigenschaft.

So wird das Umstandswort »angeblich« im nachlässigen Sprachgebrauch als Eigenschaftswort verwendet, wie in »der angebliche Erfinder«. Richtig müßte es heißen: »der mutmaßliche Erfinder«, denn »mutmaßlich« ist ein Eigenschaftswort und somit Beifügung von Hauptwörtern, fremdwörtlich ein »Adjektiv«. Aber »angeblich« ist ein Adverb, wie es auch heißt, und damit Beifügung von Zeitwörtern (oder »Verben«). So geht etwa jemand »angeblich« ins Kino, in Wirklichkeit aber zu seiner Freundin. Damit steht »angeblich« regelgerecht bei einem Verb: »gehen«.

»Angeblich« und »mutmaßlich« sind also Elemente unterschiedlicher Wortgruppen, die alle Eigenschaften von Mengen aufweisen. Allerdings ist Sprache etwas Lebendiges. Sie verändert und entwickelt sich. So könnten »angeblich« und »mutmaßlich« auf Dauer zu einer Wortart verschmelzen.

Das ist bei den Denkgesetzen anders. Mathematiker halten ihre Ergebnisse für zeitlos, und zwar von jeher und für immer und überall, wo Menschen sind – bis eines Tages jemand ein Gegenbeispiel findet. Ein einziges genügt, um die wunderschönsten Theorien zu Makulatur werden zu lassen. Dergleichen ist selten, aber wirklich schon vorgekommen.

Im Unterschied zur Umgangssprache verbindet die Logik mit dem Ausdruck »Menge« nicht unbedingt größere Massen. Es gibt auch welche, die nur ein Element enthalten, wie

$$\{a\}, \{b\}, \{c\}, \ldots, \{x\}, \{y\}, \{z\}.$$

Noch weniger als diese Einermengen umfaßt die leere Menge, nämlich nichts. Sie wird durch eine schräg durchgestrichene Null bezeichnet: ∅.

Man kann sie sich auch als Klammer ohne Inhalt vorstellen: { ... }. Sie als unbedeutend beiseite zu lassen wäre jedoch voreilig. Eine Erfahrung umsichtiger Praktiker besagt, daß man die Nullen stets mit einrechnen muß. Freilich gehören der leeren Menge keine Elemente an. Darum gilt auch für alle Kleinbuchstaben {a, ..., z}:

$$a, ..., z \notin \emptyset.$$

Eine Menge stellt mithin eine Art Behälter dar, der etwas einschließen kann, aber nicht muß. Das verdeutlichen die Ausdrücke

$$x \in \{x\}, \text{ aber } x \neq \{x\}.$$

Ein Element gehört zu seiner Einermenge, gleicht ihr aber nicht. Die Verpackung macht den Unterschied aus.

Den Umfang von Mengen, genauer gesagt die Anzahl ihrer Elemente bezeichnet man als »Mächtigkeit«. Sie wird durch senkrechte Betragsstriche gekennzeichnet. Die leere Menge hat mithin die Mächtigkeit Null:

$$|\emptyset| = 0.$$

Die Einermenge zählt 1:

$$|\{x\}| = 1.$$

Da mehrfache Zugehörigkeit nicht gilt, vergrößern Wiederholungen die Mächtigkeit nicht:

$$|\{x\}| = 1 = |\{x, x\}| = |\{x, x, x\}|.$$

Das ändert sich, wenn man die Elemente numeriert. Damit erhalten sie ein unterscheidendes Merkmal. Dann ergibt sich

$$|\{x_1, x_2, x_3\}| = 3.$$

Für die Menge der Kleinbuchstaben hat man folglich

$$|\{a, \ldots, z\}| = 26.$$

wie sich nachzählen läßt. Darin sind das ß, auch »scharfes s« genannt, und die Umlaute noch nicht inbegriffen. Diese Besonderheiten der deutschen Rechtschreibung werden sehr unterschiedlich gebraucht, mancherorts gar nicht. Mathematiker bewegen sich zudem gern in unendlichen Mengen wie den natürlichen Zahlen:

$$\{1, 2, 3, \ldots\}.$$

Deren Mächtigkeit wird durch eine liegende Acht dargestellt:

$$|\{1, 2, 3, \ldots\}| = \infty.$$

Das soll heißen: Wie weit auch immer man die Folge der Ziffern fortsetzt – dahinter geht es stets noch weiter. Das ist freilich kaum mehr als eine Krücke, weil die Unendlichkeit die menschliche Vorstellungskraft übersteigt. Deshalb gehört ∞ auch keiner Menge an. Der

Begriff ist mehr als Hinweis zu verstehen: Hier sind wir mit unserem Latein am Ende.

Leider, muß man sagen, denn unendliche Mengen haben bemerkenswerte Eigenschaften. So gibt es echte Teilmengen der natürlichen Zahlen, dargestellt durch das Zeichen $\subset$, wie die Quadratzahlen:

$$\{1, 4, 9, \ldots\} \subset \{1, 2, 3, 4, 5, 6, 7, 8, 9, \ldots\},$$

deren Anzahl ebenfalls unendlich ist:

$$|\{1, 4, 9, \ldots\}| = \infty = |\{1, 2, 3, 4, 5, 6, 7, 8, 9, \ldots\}|.$$

Im Unendlichen gelten menschliche Denkgesetze also nur mit Einschränkungen. In den meisten Fällen des Alltags kann man hingegen fast alle Begriffe mittels Mengen auf die schlichte Form zurückführen:

$$\text{Element} \in \text{Menge}.$$

Darin liegt auch schon eine einfache Aussage. Wer etwa meint, das Wetter sei schön, unterteilt das Auftreten von Sonne, Wind, Regen, Eis und Schnee bewußt oder unbewußt in Mengen von angenehmen und ungemütlichen Wetterlagen. Ein schöner Tag ist dann ein Element der Menge der sonnigen. Auch

$$\text{Gerda} \in \{\text{Menge der Mädchennamen}\}$$

ist von dieser Art. Mitunter läßt sich die Form nur näherungsweise anwenden. So kann man Hauptworte wie

»Tische« oder »Stühle« als Mengenangaben auffassen. Davon gibt es große und kleine, neue und alte, schöne und scheußliche. Es ließe sich indessen darüber streiten, ob ein niedriger Schemel noch als »Stuhl« bezeichnet werden kann.

Entsprechend verhält es sich mit dem Besteck des Chirurgen. Es schreckt zarte Gemüter wegen seiner Ähnlichkeit mit Mordinstrumenten. Manche Bestandteile beider Mengen sehen sich zum Verwechseln ähnlich. Erst die Anwendung macht dabei den Unterschied aus, zumindest in der Hand von Könnern.

Sogar eine schlichte Feststellung wie »Fritz ist ein Kind« kann strittig sein. Die Altersgrenze zu den Erwachsenen liegt nicht einheitlich fest. Ab zehn bis zwölf Jahren, spätestens ab sechzehn spricht man von »Jugendlichen«. In solchen Fällen werden Aussagen klarer, wenn man den Gültigkeitsbereich eingrenzt, wie zum Beispiel durch

Fritz $\in$ {Menge der Kinder unter zehn Jahren}.

Unvermeidliche Unschärfen dürften als Triebfeder gewirkt haben, sich sogenannte Fuzzy-Mengen auszudenken. Damit soll die Zugehörigkeit zu einer Menge zu einer Frage von mehr oder weniger werden statt von ja oder nein. Doch dieser Ansatz ist selbst fuzzy, wie die englische Bezeichnung schon sagt, auf deutsch »unklar« oder »verschwommen«. Damit kommt man vom Regen in die Traufe.

Zur Bestimmung von Fuzzy-Mengen sind Voraussetzungen nötig, die auf klassischen Mengen beruhen.

So dreht man sich im Kreis. Freilich gelten alle Denkgesetze zugleich. Aber wer Grundlagen für Weiteres schaffen will, sollte dazu möglichst einfache Bausteine hernehmen und so wenige Bedingungen daran knüpfen wie möglich.

Der Urheber Georg Cantor hatte die Lehre entwickelt, um möglichst klare Unterscheidungen zu treffen. Darum ist schwer zu erkennen, warum man das durch die Hintertür wieder rückgängig machen sollte. Wenn Sie nicht Gott und die Welt bis in die letzten Einzelheiten erklären können, tut das den Regeln folgerichtigen Schließens keinen Abbruch.

Zur Menschenart zählt zudem der Antrieb zu schummeln, wenn es sein muß. Man sucht nach Bestätigung und meidet Widrigkeiten. Deshalb werden manchmal Dinge dort eingeordnet, wo man sie sehen möchte. Das nennt man Wunschdenken.

Wer wirklich wissen will, was Sache ist, wird Verschiedenes stets auseinanderhalten. Diese Kunst ist Teil der exakten Wissenschaften. Solange es um bloße Wortgefechte in der Öffentlichkeit geht, ist es nicht weiter schlimm, wenn jemand gut sichtbare Unterschiede zu verwischen sucht. Solche Debatten dienen meist nur dazu, eigenen Ansichten Geltung zu verschaffen.

Ernster wiegen die Folgen bei kostspieligen Unternehmen. So ist eine Mars-Mission der Europäischen Weltraumorganisation durch unzureichende Abstimmung der Voraussetzungen gescheitert. Die Wissenschaftler des Festlands rechneten in Zentimetern, die Kollegen auf den Britischen Inseln in Zoll. Das konnte nicht klappen. Millionensummen gingen nutzlos den Bach hinunter.

Wegweiser der Logik:
Aussagen, Mengen, Elemente,
verbindende Eigenschaft, Unterscheidbarkeit,
Erstmenge, Zweitmenge, Mengen höherer Ordnung,
Mengengefüge, Mengengleichheit, Fremdheit,
Einermengen, leere Menge, Mächtigkeit,
unendliche Mengen, Fuzzy-Mengen

Sinnzeichen:
{...} Mengenklammern
$\in$ Element-Zeichen
$\emptyset$ leere Menge
$|\{a, b\}| = 2$ Mächtigkeit
$\subset$ Teilmenge

Kapitel 5
Festes und Veränderliches

Alles fließt.
Heraklit von Ephesos

Wer an einen Stern denkt, kann die Venus meinen, den Jupiter oder Sirius. Politiker haben einen schlechten Ruf. Über sie wird oft geschimpft, ohne einen bestimmten im Auge zu haben. Geht die Rede von einem Buchstaben, kann es sich um jeden handeln aus dem ganzen Alphabet.

Die Mengenlehre kennt solche Sammelbegriffe als »Veränderliche« oder »Variable«. Im Schulunterricht hießen sie »Unbestimmte« oder »Unbekannte«. Meist wurden sie x oder y genannt und standen für nicht näher festgelegte Zahlen. Die wiederum wurden im Unterschied dazu auch als »feste Größen« oder »Konstante« bezeichnet.

Es gibt mithin mindestens zwei Arten von Elementen. Auch das ist eine weitere Auswirkung der Dualität. So wie Gemeinsamkeiten nur da auftreten können, wo es auch Unterschiede hat, sind Veränderliche einzig denkbar, sofern feste Größen vorhanden sind. Dieser Befund ragt weit über die Zahlen hinaus.

Bei dem Knobelspiel Sudoku verwendet man als Konstante die Ziffern von 1 bis 9. Damit sollen insgesamt 81 gleich große Kästchen in einem Quadrat ausgefüllt werden. Ihren Inhalt gilt es anhand einiger vorgegebener Elemente zu ergänzen. Dabei darf jede Ziffer je Spalte, Zeile oder Unterquadrat nur einmal auftreten. Anfangs steht ein Großteil der Spielfläche leer. Die Leerstellen sind die Unbestimmten. Nennt man sie kurz L, so hat man

$$L \in \{1, \ldots, 9\}.$$

Das veränderliche Element kann also die Rolle jeder der 9 Festgrößen annehmen. Es besitzt einzig die verbindende Mengeneigenschaft, nämlich eine der Ziffern zu sein. Der Zahlenwert der Konstanten bleibt bei der Knobelei ohne Bedeutung. Die Regeln erfordern weder Addition, Multiplikation noch andere Rechnungen. Aber sie erfüllen die zweite Mengeneigenschaft: Sie sind alle verschieden. Damit werden die erforderlichen Kombinationen machbar. Doch jede andere Menge der Mächtigkeit 9 würde diesen Zweck auch erfüllen.

Der Unterschied zwischen Festgrößen und Veränderlichen hängt also nicht an Ziffern oder Zahlen, sondern nur an den Mengeneigenschaften. Darum geht deren Bedeutung weit über die Mathematik hinaus. Ein Gutteil der deutschen Sprache baut darauf. Dort begegnen uns die Unbestimmten in Gestalt der Wortarten. Der Begriff »Hauptwort« etwa steht für eine Variable, die gegenständliche – oder konstante – Begriffe wie »Berg und Tal«, »Haus und Hof« oder »Sonne, Mond und Sterne« vertritt. Man hat also

$$H \in \{B, T, Ha, Ho, S, M, St, \ldots\}.$$

Dabei sollen die Punkte alle anderen Hauptworte vorstellen. Vergleichbares gilt für das Zeitwort:

Z ∈ {singen, tanzen, lachen, schreiben, lesen, … }.

Der Ausdruck »Eigenschaftswort« oder »Adjektiv« kann als Unbestimmte für Konstanten wie »schön«, »gut«, »schäbig« und »schandbar« gelten. Die unbestimmten Artikel »ein/eine/ein« weisen auf Veränderliche hin, wie etwa ein Tier, womit Hund, Katze, Maus oder Fisch gemeint sein können. Die bestimmten Artikel »der/die/das« dagegen weisen auf Konstanten hin, wie etwa »der Hund von Onkel Karl« oder »die Katze von Tante Emma«.

Für gewöhnlich werden die Mengeneigenschaften der Sprache kaum wahrgenommen. Das liegt an der Trennung nach Fächern im Schulunterricht. Sie vermittelt den Eindruck, Rechnen und Schreiben hätten nichts miteinander zu tun.

Aber auch die Bewältigung des Alltags wird erst durch den Gebrauch und die Unterscheidung von Veränderlichen und Festgrößen machbar. Die Hausfrau weiß, was Pfeffer ist. Sie braucht keine näheren Ausführungen, ob es sich um scharf schmeckende Körner aus Chile oder vom Kap der Guten Hoffnung handelt. Ohne von solchen Einzelheiten abzusehen, käme sie mit dem Mittagessen nie zu Rande.

Regelwerke in den Naturwissenschaften oder in der Juristerei bestehen im wesentlichen aus Variablen. So hat etwa ein Richter zu entscheiden, ob ein Diebstahl vorliegt, wie er im Strafgesetzbuch beschrieben wird. Wie, was und vom wem gestohlen wurde, spielt dabei eine untergeordnete Rolle. Die vielfältigen Einzelheiten einer Tat bilden die unverwechselbaren

Festgrößen des Einzelfalls. Das Gericht muß davon absehen können und danach urteilen, ob die verbindende Mengeneigenschaft vorliegt.

Um wieder auf das Wesentliche – den logischen Gehalt der Anwendungen – zurückzukommen: Folgerichtiges Schließen beruht auf solchen Mustern. So kann man den griechischen Kleinbuchstaben β (Beta) zu einer Veränderlichen der lateinischen bestimmen:

$$\beta \in \{a, \ldots, z\} \text{ veränderlich,}$$

obwohl weder die Variable noch die Konstanten Zahlen darstellen; sind doch nur die Mengeneigenschaften dafür ausschlaggebend. Der Zusatz »veränderlich« ist jedoch zu empfehlen, weil beide Arten von Elementen mit demselben Sinnzeichen ∈ versehen werden. Allerdings sind in den meisten Fällen Variable gemeint. Die griechischen Lettern Alpha, Beta, Gamma, Delta ...

$$\{\alpha, \beta, \gamma, \delta, \ldots\}$$

haben seit Ausbruch der Seuche Covid-19 als Corona-Alphabet eine gewisse Berühmtheit erlangt. Doch auch andere Symbole – oder Hieroglyphen – könnte man für die Darstellung verwenden. Es kommt nur darauf an, welche Bedeutung man ihnen beimißt. Dabei ist es zulässig, so viele Variablen zu erklären, wie man für seine Zwecke benötigt. Ihre Zahl ist unbegrenzt. Also könnte man ebenso bestimmen:

$$\alpha, \beta, \gamma, \delta, \varepsilon, \zeta, \eta, \theta, \iota \in \{a, \ldots, i\} \text{ veränderlich.}$$

Das sind so viele Unbestimmte, wie Konstanten vorliegen. Es dürfen sogar mehr sein. Eine weitere Eigenart von Variablen besteht darin, daß zwei, wie etwa ζ (Zeta) und η (Eta)

$$\zeta, \eta \in \{1, \ldots, 9\},$$

derselben Konstanten gleichen können wie zum Beispiel ζ = 4 und 4 = η, so daß gilt:

$$\zeta = 4 = \eta.$$

Daraus folgt drittwirksam:

$$\zeta = \eta.$$

Bei festen Elementen ist das abwegig, weil sie sämtlich verschieden sein müssen. Zugleich können Veränderliche β, γ ∈ {a, ..., i} ein und dieselbe Konstante vertreten, wie

$$\beta = a \quad \text{und} \quad a = \gamma$$
$$\beta = a = \gamma$$
$$\beta = \gamma.$$

In manchen Lehrbüchern werden auch ganze Mengen als veränderlich eingeführt. Man bezeichnet sie dann meist mit Großbuchstaben. So finden sich bündige Erklärungen wie

$$M \text{ sei eine Menge.}$$

Damit ist gemeint, daß es sich um eine unbestimmte Gesamtheit handelt, die keine besonderen Eigenheiten aufweist, sondern nur den Regeln der Mengenlehre unterliegt. Daran wird dann die Festlegung angeschlossen:

$$m \in M \text{ veränderlich.}$$

Damit erhält man ein unbestimmtes Element einer unbestimmten Menge. Das ist freilich eine luftige Angelegenheit. Um die Sache zu untermauern, ging Gottlob Frege aus Wismar (1848–1925) von einer Allmenge $\mathbb{A}$ aus, die alle veränderlichen Mengen beinhalten sollte ausgenommen sich selbst. Darauf gründete der Mathematiker eine umfangreiche Theorie.

Sein britischer Kollege und Bewunderer Bertrand Russell (1872–1970) erkannte darin jedoch einen Irrweg. Er kleidete die Forderung Freges in die Gestalt eines Dorfbarbiers, der alle rasiert, die sich nicht selbst rasieren. Damit stellte sich die Frage: Wer rasiert den Barbier?

Gottlob Frege im Jahre 1878   Bertrand Russell um 1957

Eine Fallunterscheidung verdeutlicht den Widerspruch. *Fall 1:* Angenommen, der Barbier rasiert sich selbst. Dann gehört er zu denen, die er laut Voraussetzung nicht rasieren soll. Es wäre unzulässig. *Fall 2:* Der Barbier rasiert sich nicht. Dann gehört er zu den Leuten, die er laut Vorgabe rasieren darf. So herum stimmt es auch nicht.

Seither heißt der logische Knoten Russellsche Antinomie. Damit geriet ein ganzes Lehrgebäude ins Wanken. Denn die Mengenlehre gilt als Grundlage für alles weitere, was Mathematiker treiben. Und ausgerechnet die ließ sich anscheinend nicht schlüssig begründen! Das Gespenst einer Systemkrise ging um.

Bis heute flüchten sich verzagte Vertreter des Fachs in die sogenannte naive Mengenlehre. Das heißt, sie tun so, als gäbe es den wunden Punkt nicht. »Naiv« heißt auf deutsch »einfältig«. Das ist gleichbedeutend mit »unaufgeklärt, gutgläubig, kindlich, unbekümmert, nichtsahnend, tölpelhaft, unkritisch, gläubig, unreif, unbedarft, hirnlos, grün, treuherzig, dümmlich, unerfahren«. Welch ein himmelschreiender Zustand in der Wissenschaft!

Es hat freilich nicht an Klimmzügen gefehlt, die Sache zu retten, indem man zusätzlich zu den Mengen gewisse Klassen einführte, um den veränderlichen Mengen doch noch aufs Pferd zu helfen. In Schulbüchern nimmt man mitunter mit einer sogenannten Grundmenge vorlieb. Damit ist ein Rahmen gemeint, auf den Rückschlüsse zu beschränken seien. Aber das sollte ohnehin jeder tun, wenn er Voraussetzungen betrachtet.

Allerdings sind solche Verrenkungen unnötig. Wie im vorhergehenden Kapitel dargelegt, bilden Mengen und Elemente einen ausreichenden Vorrat, aus dem sich unbeschränkt schöpfen läßt. Ferner eröffnen Potenzmengen einen weiteren, grenzenlosen Spielraum. Darunter versteht man die Menge aller Teilmengen, die man einer vorgegebenen Menge entnehmen kann.

Wer Formeln ganz und gar nicht mag, kann die nachfolgenden Ausführungen überspringen, bis wieder fortlaufender Text beginnt. Dieser Abschnitt ist zum Verständnis der Regeln folgerichtigen Schließens entbehrlich. Diese Einzelheiten werden deshalb erwähnt, weil es sich um einen bedeutsamen Abschnitt der Geistesgeschichte handelt, ohne den es an Licht fehlen würde.

Das Wichtigste läßt sich in einem kleinen Beispiel zusammenfassen. Dazu sei eine kleine Menge $X = \{a, b\}$ gegeben. Davon lassen sich vier Teile bilden, nämlich die Einermengen $\{a\}$ und $\{b\}$, die leere Menge $\emptyset$, die Teil einer jeden Menge ist, sowie die ganze Menge X selbst:

$$\emptyset, \{a\}, \{b\}, X.$$

Dann bezeichnet man $\mathfrak{P}(X) = \mathfrak{P}\{a, b\}$ als Potenzmenge von X, also

$$\mathfrak{P}\{a, b\} = \{\emptyset, \{a\}, \{b\}, X\}.$$

Ein solches Gebilde heißt Mengensystem, weil dessen Elemente wiederum Mengen sind:

$$\{a\}, \{b\}, \emptyset, X \in \mathfrak{P}(X).$$

Um den Unterschied deutlicher zu machen, dienen große Frakturbuchstaben wie das $\mathfrak{P}$ anstelle des lateinischen P zur Bezeichnung von Mengensystemen. Auf den ersten Blick sieht ein solches Erzeugnis vielleicht noch unscheinbar aus. Die Anzahl der elementaren Teilmengen steigt jedoch mit der Mächtigkeit von X steil an. Für den Anfang hat man zwar nur

$|X| = |\{a, b\}| = 2$ und $|\mathfrak{P}\{a, b\}| = |\{\emptyset, \{a\}, \{b\}, X\}| = 4$.

Aber für $|Y| = |\{a, b, c\}| = 3$ enthält die Potenzmenge schon acht Elemente:

$$\mathfrak{P}\{a, b, c\} = \{\emptyset, \{a\}, \{b\}, \{c\}, \{a, b\}, \{a, c\},\\ \{b, c\}, \{a, b, c\}\}.$$

Also

$$|\mathfrak{P}\{a, b, c\}| = 8.$$

Jedes weitere Element verdoppelt die Anzahl der Teilmengen. Bereits drei Glieder der Folge verdeutlichen, wohin die Reise geht:

$|\{a, b\}| = 2$ ist $|\mathfrak{P}\{a, b\}| = 4 = 2^2$
$|\{a, b, c\}| = 3$ ist $|\mathfrak{P}\{a, b, c\}| = 8 = 2^3$
$|\{a, b, c, d\}| = 4$ ist $|\mathfrak{P}\{a, b, c, d\}| = 16 = 2^4$.

Das Bildungsgesetz ist also leicht zu durchschauen. Es sind die Potenzen der 2, daher die Bezeichnung »Potenzmenge«. Die Hochzahl gleicht der Mächtigkeit der Ausgangsmenge. Die Potenzmenge der 26 Kleinbuchstaben

$$26 = |\{a,\ldots,z\}|$$

besitzt folglich 2^{26} Teilmengen. Das sind mehr als 67 Millionen (67 108 864). Damit ragt

$$|\mathfrak{P}\{a,\ldots,z\}| = 2^{26} = 67\,108\,864$$

schon in den Bereich astronomischer Größenordnungen. Das dürfte für alle praktisch in Frage kommenden Fälle reichen. Vor allem kann man jetzt mit Fug und Recht erklären:

$$M \in \mathfrak{P}\{a,\ldots,z\} \text{ veränderlich,}$$

und den Formalitäten ist Genüge getan. Doch so gewissenhaft die Logik auch vorgehen mag – Widersprüche verhindern kann sie nicht.

Ein gegenwärtig vielerörtertes Beispiel bieten die Auseinandersetzungen um Rassismus. Die Vereinten Nationen in New York setzen sich dafür ein, daß niemand wegen seiner Herkunft benachteiligt wird. In mißverstandenem Übereifer haben sie zudem für wahr erklärt, daß es gar keine menschlichen Rassen gebe. Diese Behauptung entspricht der Russellschen Antinomie. Das zeigt eine weitere Fallunterscheidung. *Fall 1:* Es gibt keine Rassen. Dann kann man auch niemanden wegen der Zugehörigkeit zu einer solchen benachteiligen. *Fall 2:* Es gibt Rassismus. Dann müßte es auch Rassen geben, deren Angehörige man deswegen benachteiligen kann.

Das Beispiel belegt, wie zuviel des Guten ins Gegenteil dessen drehen kann, was beabsichtigt ist. So haben Mediziner ermittelt, daß Arzneien gegen Asthma bei

Patienten mit afrikanischen Wurzeln anders wirken als bei Europäern. Auch bei Medikamenten, welche die Blutgerinnung fördern bzw. hemmen, zeigten sich auffällige Unterschiede. Den Kranken ist sicherlich nicht gedient, wenn man sie im Sinne von gutgemeintem Antirassismus über einen Kamm schert.

Auch vertragen 98 Prozent der Bewohner Südostasiens keine Milch. Bei Europäern liegt der Anteil mit Laktoseintoleranz bei nur 30 Prozent. Die Leugnung der Verschiedenheiten im Erbgut wäre für die Versorgung mit Lebensmitteln verhängnisvoll.

Haberechte verweisen in verbissenen Spiegelgefechten gegen Rassismus darauf, die Menschen hätten 99,9 Prozent des Erbguts gemeinsam. Sie sehen aber darüber hinweg, daß der *Homo sapiens* auch 98 Prozent seiner Gene mit dem Schimpansen teilt. Welchen Unterschied die restlichen 2 Prozent ausmachen können, ist im Zoo zu besichtigen.

Wegweiser der Logik:
Konstante oder feste Größen, bestimmte und unbestimmte Elemente, Veränderliche oder Variable, Gleichheit von Veränderlichen, Beliebigkeit der Anzahl der Variablen, Fallunterscheidung, Russellsche Antinomie, Allmenge, Potenzmenge, Mengensystem

Sinnzeichen:
$\mathbb{A}$ theoretische Allmenge
$\mathfrak{P}\{a, b\}$ Potenzmenge, alle Teilmengen der Menge $\{a, b\}$
$M \in \mathfrak{P}\{a, ..., z\}$ veränderliche Menge
$|\{a, b\}| = 2, |\mathfrak{P}\{a, b\}| = |\{\emptyset, \{a\}, \{b\}, X\}| = 4 = 2 \times 2 = 2^2$

Kapitel 6
Teil und Ganzes

Ganze Sachen sind immer einfach wie die Wahrheit selbst.
Nur die halben Sachen sind kompliziert.
Heimito von Doderer

Der Nobelpreisträger Werner Heisenberg (1901–1976) schrieb ein vielbeachtetes Buch über die Physik. Es erschien 1969 in München unter dem Titel *Der Teil und das Ganze*. Darin schilderte der Forscher die Rolle seines Fachs im Rahmen der übrigen Naturwissenschaften, deren Zusammenhang mit benachbarten Bereichen sowie Bezüge zu Politik und Geschichte.

Diesen ungeheuer weit gespannten Bogen führt die Mengenlehre auf seinen Kerngehalt zurück. Dazu genügen zwei ihrer Hauptstücke, die Mengen A und B sowie das Verknüpfungszeichen $\subset$ für »Teil von«. Damit läßt sich das Wesentliche, was das Buch verheißt, erfassen:

$$A \subset B.$$

A ist ein Teil oder eine Teilmenge von B, auch »Untermenge« genannt. B heißt in dem Zusammenhang »das Ganze«, »Obermenge« oder »Umgebung von A«. Beide bilden ein weiteres duales Paar, mit dem die Begriffswelt überschaubarer wird. Ein Kaufhaus unterhält Unterabteilungen für Lebensmittel, Textilien, Schuhe, Haushaltsgeräte, Sportartikel und anderes – alles Teilmengen des Angebots. Deutschland versteht sich als Teil

Europas. Europäische Sprachen beinhalten germanische, romanische und finnougrische.

Biologen unterscheiden Tiere nach Teilmengen von Stämmen wie Weichtiere, Gliederfüßer oder Wirbeltiere, und die wiederum nach Untermengen wie Klassen, Ordnungen und Gattungen. So lassen sich Lebewesen übersichtlich klassifizieren. Wie sonst wären Verwandtschaftsbeziehungen und Abstammungslinien von mehr als einer Million bekannter Arten zu überblicken, die den blauen Planeten bevölkern?

In nahezu allen Bereichen des Lebens machen Unterteilungen oder Teilmengenbezüge es möglich, Gesamtheiten zu gliedern, Eigenheiten hervorzuheben und vom Allgemeinen zum Besonderen fortzuschreiten. Wer sich mit offenen Augen umsieht, erkennt schnell die Ordnung stiftende Wirkung dieses einleuchtenden Verfahrens.

Im Fall der eingangs erwähnten Beispielmenge aus der Wikipedia wurde klar, daß eine zweite, baugleiche Gitarre zur Menge der Musikinstrumente nichts mehr beiträgt. Aber es gibt natürlich ganz verschiedene Ausführungen, wie Konzertgitarren, Flamencogitarren, Schlaggitarren und Westerngitarren, solche mit sechs Saiten und andere mit zwölf. Damit liegt eine weitergehende Klassifizierung der Instrumente durch eine Untermenge vor.

Weil unbestimmte Mengen wie erwähnt als vertrackt gelten, seien für die oben bezeichneten Fälle A und B zusätzlich feste Größen vereinbart, aus denen sie bestehen sollen, nämlich

$$A := \{a, e, i, o, u\} \quad \text{und} \quad B := \{a, \ldots, z\}.$$

Die Verbindung von Doppelpunkt und Gleichheitszeichen := hebt die Richtung hervor, welche die Zuweisung nimmt. Die Symbole entsprechen den Zuordnungspfeilen ↦ aus den vorigen Kapiteln. Die Elemente in den Mengenklammern sind dabei als gegebene, feste Größen vorausgesetzt. Die Bedeutung der Gesamtheit wird auf die Großbuchstaben übertragen. Das ist ein gängiges Verfahren, um Ausdrücke zu vereinfachen. Damit erklärt sich die Beziehung A ⊂ B mit dem Gleiches bedeutenden Ausdruck

$$\{a, e, i, o, u\} \subset \{a, ..., z\}.$$

In Worten: Die Menge der Schriftzeichen für Selbstlaute {a, e, i, o, u} bildet eine Teilmenge der Kleinbuchstaben {a, ..., z}, was unbestreitbar ist. Dabei bilden Teilmengen in gewissem Sinn eine Verallgemeinerung des Elementbezugs. Beide Ausdrücke:

$$a \in \{a, b, c\} \quad \text{und} \quad \{a\} \subset \{a, b, c\}$$

beschreiben eine Zugehörigkeit zur selben Menge. Das Zeichen ⊂ stellt eine Beziehung zwischen gleichrangigen Gebilden her. Das Symbol ∈ dagegen bildet eine Stufe zwischen artfremden Begriffen. Um diesen Unterschied dreht sich ein wesentlicher Teil der ganzen Lehre. Eine Verbindung beider Bezüge mittels Drittwirkung

$$a \in \{a\} \subset \{a, b, c\}$$

ergibt eine genauere Fassung von Voraussetzungen, Vorgaben oder Bedingungen. Bisher wurden diese Begriffe nur im landläufigen Sinn verwendet. In der Logik geht es genauer zu – wie könnte es anders sein! Auch Untermengen lassen sich drittwirksam verketten, sei es in abnehmender oder in aufsteigender Folge:

$$a \in \{a\} \subset \{a, b\} \subset \{a, b, c\}.$$

Demnach gehört ein Element durch $a \in \{a\}$ auch zu $a \in \{a, b\}$ und ebenso zu $a \in \{a, b, c\}$ sowie zu allen weiteren Obermengen. Der offenkundige Sachverhalt ergibt eine wichtige Regel: Die Zugehörigkeit eines Elements zu einer Teilmenge ist eine hinreichende Bedingung dafür, auch zum Ganzen zu zählen.

Was in diesem Beispiel ein naheliegender Befund sein mag, wird im Alltag oft mißachtet. Die ehemalige Bundeskanzlerin Merkel wußte offenbar nicht, was eine hinreichende Voraussetzung ist. Sie behauptete, das Volk in Deutschland seien alle, die hier leben.

Das läßt sich leicht widerlegen. Dazu sei die Hilfe der Bayern in Anspruch genommen. Der Stamm werde – mit Verlaub – durch eine Menge B bezeichnet. Ein gestandener Bayer kann dann in der Rolle einer Unbestimmten $b \in B$ auftreten. Stets auf Unabhängigkeit und Selbständigkeit bedacht, zählen die Bewohner im Süden des Landes trotz alledem zu den Deutschen in Gestalt der Obermenge D.

Der Bezug $B \subset D$ macht aus allen Bayern Angehörige des Volks. Das läßt sich in die Form einer zwingenden Folgerung fassen: Für alle Bayern ist Zugehörigkeit zu ihrem Stamm eine hinreichende Bedingung, um zu den Deutschen zu zählen. Oder, schlichter: Bayern sind auch Deutsche. In konzentrierter Form lautet die hinreichende Bedingung:

$$\forall\, b \in B \subset D \Rightarrow b \in D$$

Der kopfständige Großbuchstabe $\forall$ ist das logische Kürzel für »alle« oder »jeder«. Man nennt diese Maßgabe auch den »Allquantor«. Der Doppelpfeil $\Rightarrow$ steht für »daraus folgt«. Ferner wird südlich der Donau nach Ober- und Niederbayern unterschieden. Letztere seien mit einer Menge NB bezeichnet. Damit ergibt sich die erweiterte Teilmengenkette

$$NB \subset B \subset D.$$

Sie besagt: Niederbayern bilden eine Unteruntermenge der Deutschen. Für einen unbestimmten Bewohner der niederbayerischen Kreisstadt Deggendorf $n \in NB$ folgt daraus, daß er auch zur Oberobermenge und damit zum Volk zählt:

$$\forall\, n \in NB \subset B \subset D \Rightarrow n \in D.$$

Damit ergibt sich der verkettete Schluß

$$n \in NB \Rightarrow n \in B \Rightarrow n \in D.$$

Die Erweiterung ist auch hier in der Gegenrichtung möglich. Dazu sei E die Menge der Europäer. Damit kommt man zu der Verlängerung

$$NB \subset B \subset D \subset E$$

und dem erweiterten Kettenschluß

$$n \in NB \Rightarrow n \in B \Rightarrow n \in D \Rightarrow n \in E.$$

Auf diese Weise durchzieht ein Geflecht von Teilmengen, Teil-von-Teil-Mengen, Teil-von-Teil-von-Teil-Mengen und so weiter das Gefüge der Begriffe, von dem zuvor die Rede war.

Hinreichende Voraussetzungen sind jedoch nicht umkehrbar. Eine Zugehörigkeit zum Ganzen bietet keine Gewähr für Mitgliedschaft in einer Teilmenge. Im Rahmen des Bayern-Beispiels ausgedrückt: Man kann Deutscher sein – etwa Thüringer oder Sachse –, ohne zu den Bewohnern des weiß-blauen Freistaats zu gehören.

Mitgliedschaft in der Umgebung ist vielmehr unabdingbar, um überhaupt Element einer Untermenge zu sein. Ohne diese Vorgabe kommt das erst gar nicht in Betracht. Diese Bewandtnis besagt, als Regel gefaßt:

Die Zugehörigkeit eines Elements zum Ganzen ist eine notwendige Bedingung dafür, zu einem Teil zu zählen.

Um bei dem Beispiel zu bleiben: Für einen Syrer $s \in S$ gilt damit im Umkehrschluß: $s \notin E$. Das heißt, er ist kein Europäer. Damit erfüllt er keine notwendige Bedingung, um zu den Deutschen zu gehören. Denn diese bilden unstreitig eine Untermenge der Europäer. So logisch wie knapp ausgedrückt lautet der korrigierte Trugschluß der Politikerin:

$$\forall\, s \in S \not\subset E \Rightarrow s \notin D \subset E.$$

In Worten: Weil Syrer nicht die notwendige Bedingung erfüllen, zu einer Obermenge der Deutschen zu zählen, können sie auch nicht zu einer Teilmenge gehören. Kurz gesagt: Syrer sind keine Deutschen. Eigentlich ist das eine Selbstverständlichkeit. Aber Politiker scheren sich oft nicht um Tatsachen, sie mögen noch so klar auf der Hand liegen.

In unseren verdrehten Zeiten wird diese nüchterne Feststellung womöglich bei Teilen der Öffentlichkeit als fremdenfeindlich gebrandmarkt. Doch daß keiner Bayer sein kann, der nicht Deutscher ist, dürfte wohl niemand im Ernst bestreiten:

$$\forall\, s \notin D \Rightarrow s \notin B \subset D.$$

Aber verneinende Ausführungen werden als unschön vermieden, zumal man heutzutage tunlichst alles bejaht, sofern es irgend möglich ist. Um obigen Ausdruck positiv zu fassen, kann man versichern: Es gibt Deutsche, die Bayern sind. Damit erhält man den bekennenden Ausdruck

$$\exists\, d \in D \Rightarrow d \in B \subset D.$$

Dazu dient das Gegenstück zu $\forall$, der Existenzquantor $\exists$. Der seitenverkehrte Großbuchstabe steht für die Aussage »Es gibt ein« – oder genauer: »Es gibt mindestens ein«, weil es auch mehrere sein können. Doch wie man es auch dreht und wendet, ist die notwendige Bedingung ebenfalls nicht umkehrbar. Darum gilt: Wer kein Bayer ist, kann dennoch Deutscher sein, etwa Hesse oder Badener.

Man unterscheidet also mindestens zwei verschiedene Arten von Voraussetzungen: eine notwendige und eine hinreichende. Beide führen zu unterschiedlichen Schlüssen, je nachdem ob man vom Ganzen ausgeht oder vom Teil.

Entdeckt ein Naturforscher im Mekongdelta einen bislang unbekannten Gliederfüßer, so erfüllt das Tier die notwendige Bedingung, zu den Fluginsekten zu gehören. Kerbtiere bilden eine Untermenge der »Arthropoden«, wie die Wissenschaft die Gliederfüßer nennt. In diesem Fall stellt die notwendige Bedingung den ersten Schritt dar, um ein unbekanntes Wesen einzuordnen.

Im Zuge einer Rasterfahndung läßt sich auch die Polizei von solchen Grundsätzen leiten. Bei der Suche nach einem Verbrecher greift die Kripo zunächst auf Kandidaten aus ihrer Kartei zurück, die der Personenbeschreibung in etwa entsprechen könnten. Der Umfang wird so weit gefaßt, daß der Täter mit großer Wahrscheinlichkeit dazugehört.

Die Fahnder wollen also eine notwendige Vorgabe erfüllen. Denn jede weitere Suche wäre vergebens, wenn der Täter nicht zu den Leuten zählen würde, denen man das Verbrechen zutraut. Im nächsten Schritt engt die Polizei den Kreis der Verdächtigen so weit ein, daß man sie mit den gegebenen Möglichkeiten einzeln überprüfen kann.

Ähnlich, wenn vielleicht auch weniger planvoll, geht jemand vor, der einen Schlüssel verloren hat. Er sucht alle Orte auf, an denen er sich seit dem Zeitpunkt aufgehalten hat, als er ihn seiner Erinnerung nach noch hatte.

Nur dann unterlief der Verlust mit Gewißheit in einer bekannten Teilmenge von Aufenthaltsorten.

Auch verschiedene Dinge lassen sich damit genauer auseinanderhalten. Wenn sie Mengen angehören, die einander fremd sind, erfüllen sie damit eine hinreichende Bedingung. Aber sie ist nicht notwendig. So sind die Elemente a und e in dem Beispiel

$$\{a, b, c\} \neq \{c, b, e\}$$

verschieden, obwohl die Mengen einander nicht fremd sind. Das b wie das c gehören zu beiden. Ungleichheit der Mengen ist also eine notwendige Voraussetzung für Verschiedenheit von Elementen. Diese Bedingungen gelten nicht zuletzt für die Mengenlehre selbst.

Der ungeduldige Leser kann auch diese Ausführungen bis zum nächsten Fließtext überspringen; das Verständnis der nächsten Kapitel leidet nicht darunter.

Gleichheit von Mengen stellt offenbar eine hinreichende Bedingung für Gleichmächtigkeit dar. Das zu erwähnen ist nicht überflüssig, bedeutet es doch, daß die Lehre auch in sich stimmt. Aus

$$\{1, 2, 3, 4\} = \{1, \ldots, 4\}$$

folgt erkennbar

$$|\{1, 2, 3, 4\}| = 4 = |\{1, \ldots, 4\}|.$$

Zwei gleiche Mengen sind auch gleichmächtig, wenn sie unterschiedlich dargestellt werden. Doch die Bedingung ist nicht notwendig. Das sieht man an den ungleichen, aber dennoch gleichmächtigen Mengen

$$|\{1,\ldots,9\}| = 9 = |\{a,\ldots,i\}|.$$

Hier gilt offenbar

$$\{1,\ldots,9\} \neq \{a,\ldots,i\}.$$

Andererseits ist Gleichmächtigkeit eine notwendige Vorgabe für Gleichheit. Nicht-gleichmächtige Mengen wie

$$|\{1,\ldots,8\}| = 8 \neq 9 = |\{1,\ldots,9\}|$$

können nie gleich sein, obwohl beide dieselben Elemente beinhalten, aber nicht alle. Vielmehr handelt es sich um Ober- und Untermenge:

$$\{1,\ldots,8\} \subset \{1,\ldots,9\}.$$

Eine weitere Eigentümlichkeit erscheint dagegen auf den ersten Blick vielleicht etwas seltsam. Teilmengen sind selbstbezüglich (oder »reflexiv«). Das bedeutet, daß sich jede Menge auch als Teil enthält. Für beliebige Mengen A und B gilt damit:

$$A \subset A \quad \text{und} \quad B \subset B.$$

Ebenso hat man für die leere Menge:

$$\emptyset \subset \emptyset.$$

Sie ist Teilmenge einer jeden Menge, insbesondere von sich selbst, und erst recht von nichtleeren Mengen wie

$$\emptyset \subset A \quad \text{und} \quad \emptyset \subset B.$$

Obwohl der Bezug $\subset$ eine Gleichheit von Teil und Ganzem bereits einschließt, ist zusätzlich das Zeichen $\subseteq$ in Gebrauch. Es betont diesen Sachverhalt. Danach bedeutet $A \subseteq B$ soviel wie

$$A \subset B \quad \text{oder} \quad A = B.$$

Wenn beides zutrifft, bezeichnet man A als unechte Teilmenge von B. Die leere Menge $\emptyset$ wird immer unecht genannt. Deren Einschluß in die Regeln vermeidet es, die Lehre unnötig einzuengen. Der Ausschluß der Reflexivität hatte unter anderem zur Russellschen Antinomie beigetragen, wie im vorherigen Abschnitt dargelegt.

Es bleibt zu erwähnen, daß die Zeichen für Zuordnung von Elementen $\in$ sowie von Teilmengen $\subset$ stets gerichtet sind, also nicht beidseitig gültig wie das Gleichheitszeichen. Ihre offene Seite ist stets der Obermenge zugekehrt. Wenn man sie umdreht, muß das Symbol folgen. Aus

$$a \in \{a\} \subset \{a, \ldots, z\}$$

wird dabei

$$\{a,\ldots,z\} \supset \{a\} \ni a.$$

Solche Schreibweisen sind üblich, wenn das Ganze im Vordergrund steht und weniger der Teil. Stellt sich beim Bearbeiten eines Teilbereichs heraus, daß die Obermenge zu eng gefaßt ist, läßt sie sich erweitern. Untersucht etwa ein Wahlforscher die Vorlieben von Vertretern bestimmter Berufe für eine Partei, wird er Angehörige zusätzlicher Bereiche einbeziehen, wenn sie ein ähnliches Wahlverhalten an den Tag legen.

Allerdings haftet der Auswahl einer weiteren Umgebung in Theorie und Praxis eine gewisse Willkür an. Es handelt sich um eine Ermessensfrage. Sie erfordert Augenmaß und vor allem Redlichkeit. Der Spielraum für Mutmaßungen eröffnet zugleich Möglichkeiten für Mißbrauch. So kann man den Buchstaben $x \in \{a,\ldots,z\}$ verschiedenen Obermengen zuordnen, wie

$$\{\text{☹}, \text{☺}, \text{😊}, a, \ldots, z\} \supset \{a, \ldots, z\} \ni x$$

oder

$$\{\text{☺}, \text{😄}, \text{😃}, a, \ldots, z\} \supset \{a, \ldots, z\} \ni x.$$

Heute im Medienzeitalter wird das unter anderem von Journalisten für das »Framing« genutzt. Auf deutsch heißt das »Rahmung«. Mit dieser Masche kann man einzelne Aussagen, Auszüge aus Schriften oder Vorgänge in einen Zusammenhang stellen, der womöglich unbeabsichtigt war. Handelt es sich in den Augen eines Redakteurs um eine unliebsame Angelegenheit, so kann er sie in eine Umgebung stellen, die sie kritikwürdig erscheinen läßt. Meint er eine löbliche Sache vor sich zu haben, so kann man eine freundliche Obermenge wählen.

Die gleiche Masche stricken Politik und Medien, um die Gefahr durch das Coronavirus SARS-CoV-2 möglichst bedrohlich erscheinen zu lassen. So wird die »Inzidenz« als Anzahl der positiv getesteten Personen je 100 000 angegeben. Das ist eine ganz und gar unübliche Einheit. Es klingt aber nach viel, wenn zum Beispiel von einer Inzidenz von 250 die Rede ist, also

$$\{☹, 😵, 👶, 1, \ldots, 100\,000\} \supset \{1, \ldots, 100\,000\} \ni$$
$$\text{Inzidenz} = 250.$$

Viel stärker verbreitet und deshalb leichter einzuschätzen wäre eine Angabe in Prozent. Doch dann würde das Risiko unscheinbarer aussehen:

$$\{☺, 😊, 😄, 1, \ldots, 100\} \supset \{1, \ldots, 100\} \ni \text{Inzidenz} = 0{,}25\,\%.$$

Das aber sollte es wohl nicht. Noch kleiner ist die Einheit, in der man den Anteil von Kohlendioxid (CO_2) in der Luft beziffert, nämlich in Teilen von einer Million, abgekürzt ppm, vom englischen »parts per million«. Bei CO_2 handelt sich um ein Spurengas, dessen Betrag gegenwärtig bei 415 ppm liegen soll, darstellbar als

$$\{☹, 😵, 👶, 1, \ldots, 1\,000\,000\} \supset \{1, \ldots, 1\,000\,000\} \ni$$
$$\text{Anteil} = 415\,\text{ppm}.$$

In gewohnten Prozenten schrumpft auch das zu einer harmlosen Kleinigkeit, nämlich zu

$$\{☺, ☻, ☺, 1, \ldots, 100\} \supset \{1, \ldots, 100\} \ni$$
Anteil = 0,0415 Prozent.

Also etwas mehr als vier Hundertstel von einem Prozent. Die jährliche Zunahme, die angeblich die Erde aufheizt, beträgt gar nur 25 ppm. Das ist gerade einmal etwas mehr als zwei Tausendstel von einem Prozent:

$$\{☺, ☻, ☺, 1, \ldots, 100\} \supset \{1, \ldots, 100\} \ni$$
Anteil = 0,0025 Prozent.

Würden Medien und Politik die Werte in dieser Form mitteilen, könnten sich viele fragen, wie etwas einen ganzen Planeten aufheizen soll, das einen so winzigen Anteil am Ganzen ausmacht. Doch das sollen die Leute offenbar nicht. Sie sollen in Panik geraten, wie es sich die bekannte Schulschwänzerin Greta Thunberg aus Schweden wünschte.

Wenn das der politische Gegner macht, nennt man es »Instrumentalisierung«. Solche Machenschaften unterbinden zu wollen hieße indessen, auch die sinnvolle Nutzung zu erschweren. Es gäbe »das Gute« nicht (in diesem Fall: die Freiheit des Ermessens), wenn »das Schlechte« (hier: die Möglichkeit zur Verbiegung) nicht bestünde. Als sinnvoller Ausweg bleibt verstärkte Aufklärung über das Verzerren von Nachrichten. Dazu kann die Verbreitung von Denkgesetzen beitragen.

Wegweiser der Logik:
Teil, Teilmenge, Untermenge, Ganzes, Obermenge,
Umgebung, hinreichende und notwendige Bedingung,
Mengenkette, Drittwirksamkeit oder Transitivität,
Selbstbezug oder Reflexivität, unechte Teilmengen,
Framing

Sinnzeichen:
$A \subset B$ A Teil oder Teilmenge von B
$A := \{a, ..., d\}$ Übertragung, Zuweisung
$A \subset A$ Reflexivität
$\forall$ für alle
$\exists$ es gibt mindestens ein
$D \supset B$ Umkehrung von $B \subset D$

Kapitel 7
Widerspruch und Verneinung

*Dunkel war's, der Mond schien helle,
schneebedeckt die grüne Flur,
als ein Wagen blitzesschnelle
langsam um die Ecke fuhr.*
Verkehrte Welt im Volksmund

Freunde des Wissens, aus dem Griechischen hergeleitet »Philosophen« genannt, mühten sich einst an einem Rätsel ab, das Epimenides von Kreta um 600 v. Chr. zu einem scheinbar unlösbaren Knoten geschlungen hatte. Er behauptete: »Alle Kreter lügen.« Da Epimenides selbst Kreter war, mußte seine Aussage immer falsch sein.

Würde stimmen, was er sagte, wäre er selbst eine Ausnahme gewesen. Also läge die verallgemeinernde Behauptung über sich und seine Landsleute daneben. Log er aber, wie angeblich alle Kreter, hieße das, einige hielten sich doch an die Wahrheit. Auch dann stimmt die Aussage nicht. So besehen mündeten beide Möglichkeiten in einen Widerspruch.

Epimenides von Kreta.
Porträt aus der Sammlung
Promptuarium Iconum Insigniorum
des französischen Buchdruckers
Guillaume Rouillé (1518–1589)

Das zeigt, wie lange sich ruhelose Denker schon mit Ungereimtheiten aller Art herumschlagen. Widerspruch ist allerdings doppeldeutig. Zum einen besagt er soviel wie Gegenrede oder Verneinung. Das sei jedermann anheimgestellt. Ob berechtigt oder nicht, kann dahingestellt bleiben. Zur Freiheit der Meinung gehört es jedenfalls. Andererseits bedeutet Widerspruch soviel wie Trugschluß oder Denkfehler. Dem läßt sich mit Logik beikommen.

Das Gegenteil zu immer falschen Aussagen ist die immer richtige. Man nennt sie Tautologie. Eine scherzhafte Fassung als sogenannte Bauernregel lautet: Wenn der Hahn kräht auf dem Mist, ändert sich das Wetter oder es bleibt, wie's ist. Die Zwickmühle des Kreters wäre demnach eine umgepolte, negative Tautologie.

Zwischen diesen beiden Leitplanken fließt der Strom von Aussagen, die als sinnvoll gelten. Das heißt, sie können richtig sein oder falsch. Die falschen nennt man derzeit »Fake News«, übersetzt eigentlich »gefälschte Nachrichten«. Als richtig gelten solche, die nicht widerlegt sind oder noch nicht. Zu fragwürdigem Ruhm in dieser Sache brachte es unter anderem das Hamburger Nachrichtenmagazin *Stern*, das 1983 Tagebücher von Adolf Hitler veröffentlichte. Hier dauerte es freilich nicht lange, bis sich herausstellte, daß sie gefälscht waren.

In anderen Fällen braucht es mehr Zeit, um Lügengespinste aufzudecken. So hat der ehemalige Außenminister Joseph Fischer, genannt Joschka, beim Ausbruch der Jugoslawienkriege gegen Ende des letzten Jahrhunderts behauptet, die Serben würden Konzentrationslager unterhalten. Damit begründete er die deutsche Teilnahme an den Feindseligkeiten auf dem Balkan. Bis heute haben sich für Fischers Angaben keine Anhaltspunkte finden lassen.

Nach Schätzungen von Historikern ist etwa die Hälfte aller mittelalterlichen Urkunden gefälscht. Fürsten, Bischöfe, Könige und Päpste ließen sie anfertigen, um Vorrechte zu ergattern. Die katholische Kirche gründete ihren Anspruch auf große Teile Italiens, wo sich auch der Vatikan-Staat befindet, auf eine »Konstantinische Schenkung«. Demnach habe der römische Kaiser Konstantin I. um 330 eine entsprechende Urkunde ausgestellt. Schon vor fünfhundert Jahren wurde der Schwindel aufgedeckt. Doch erst kürzlich räumte man zu Rom den Betrugsversuch ein.

Auch bei Veröffentlichungen von Studien und Gutachten ist immer Vorsicht angebracht. Sie kosten Geld. Darum besteht die wichtigste Information darin, wer sie in Auftrag gegeben hat. In der Regel stimmen die Ergebnisse mit der Linie der Kunden überein. Der Befund stand meist von vornherein fest. Sonst hätte man nicht so viel dafür ausgegeben. Wenn Gutachter mal nicht zu dem erwünschten Schluß kommen, wird das selten bekannt. Solche Studien werden meist in einen sogenannten Giftschrank weggesperrt.

Umfragen sind ebenso mit Vorsicht zu genießen, zumal wenn es um die Beliebtheit von Politikern geht. Wie Meinungsforscher zugeben, nennen viele Leute solche Personen, von denen sie oft gehört haben. Das heißt noch lange nicht, daß sie selbst so denken. Sie schätzen nur die Mehrheit ein. Als Hinweis dient ihnen in erster Linie, was Fernsehen und Presse berichten. Deutsche

Medien sind bekannt für ihre links-grüne Schlagseite. Darum lassen sie vorzugsweise grüne und linke Politiker zu Wort kommen. Besonders hinter deren Beliebtheit ist also ein Fragezeichen angebracht.

Auch Wahlen in mutmaßlich demokratischen westlichen Ländern sind in ein schlechtes Licht geraten. Nach der Abstimmung über den neuen Deutschen Bundestag im Herbst 2021 sind beim Bundeswahlleiter Tausende von Einsprüchen eingegangen. Insbesondere in Berlin war es zu erheblichen »Unregelmäßigkeiten« gekommen. Ferner gibt es Bestrebungen, das Mindestalter für die Beteiligung immer weiter abzusenken. Die Jugend ist leichter zu beeinflussen als Ältere mit Erfahrung. Das macht sie für die Obrigkeit zu bequemeren Bürgern.

Die ARD, die Arbeitsgemeinschaft der öffentlich-rechtlichen Rundfunkanstalten der Bundesrepublik Deutschland, auch »Das Erste« genannt, hat offenbar den Anspruch auf wahrhaftige Berichterstattung ganz aufgegeben. In einem Handbuch für Mitarbeiter wurde empfohlen, bestimmte Dinge so lange zu wiederholen, bis die Zuschauer sie für wahr halten.

Einer der wenigen Journalisten, die sich erfolgreich als Nebelspalter betätigt haben, ist der Australier Julian Assange. Das ist ihm schlecht bekommen. Seit 2010 wird er aufgrund eines internationalen Haftbefehls unter dem Vorwand »minderschwerer Vergewaltigung« verfolgt. Sieben Jahre lang lebte er im Schutz der Botschaft Ecuadors in London. Danach wurde er der britischen Polizei übergeben, und er kam ins Gefängnis.

Die USA forderten seine Auslieferung, um ihn wegen »Verrats von Staatsgeheimnissen« vor Gericht zu stellen. Strafrechtlich geahndet gehört eigentlich die zuständige Behörde wegen schlampigen Umgangs mit Staatsgeheimnissen. Andernfalls hätte der Reporter nie davon erfahren.

Buntscheckiger Schund des Informationszeitalters wird schönfärberisch als »Redundanz« bezeichnet. Das heißt soviel wie »Weitschweifigkeit«. »Infoschrott« wäre treffender. Doch wie auch immer man den Medienmüll nennen mag, vorrangig ist die Frage, wie man die Spreu vom Weizen trennt.

Ein Hinweis auf Stimmigkeit von Nachrichten besteht darin, daß sie aus mindestens zwei voneinander unabhängigen Quellen kommt. Vieles, wenn nicht das meiste, was als offenkundig, bewiesen oder gar als geschichtliche Wahrheit verkündet wird, erfüllt diese Vorgabe nicht. Deutsche, die den Angaben der heimischen Berieselungsanstalten mißtrauen, können Info-Seiten der Zeitungen in der deutschsprachigen Schweiz oder aus Österreich im Internet zu Rate ziehen. Manches

Julian Assange 2014

klingt ganz anders, wenn Außenstehende aus ihrer eigenen Sicht berichten.

Für das Entsorgen von erkanntem Kehricht oder lästigen Beimengungen haben die Alchemisten des Mittelalters wertvolle Vorarbeit geleistet. Hatten die Forscher von einst durch Versuche ein Gemisch von Stoffen mit den gewünschten Eigenschaften gefunden, trachteten sie im nächsten Schritt danach herauszufinden, von welchen Bestandteilen die Wirkung ausging und welche entbehrlich oder gar abträglich waren. Dieses Vorgehen nannten sie »Reduktion der Formel«.

Damals ging es darum, Liebestränke zu entwickeln oder minderwertigere Stoffe zu Gold zu machen. Hier sei ein bescheideneres Ziel gesteckt. Aus einer kleinen Menge von Ziffern von 1 bis 9

$$\{1, \ldots, 9\}$$

gelte es, diejenigen auszusondern, die nicht für eine Primzahl stehen. Prim sind solche, die größer als 1 und nur durch 1 und sich selbst teilbar sind, ohne einen Rest zu hinterlassen. An diesem überschaubaren Beispiel läßt sich das Verfahren der Alchemisten darstellen und auf die Sichtung der Info-Flut anwendbar machen.

Zunächst müssen die geraden Zahlen entfallen. Sie lassen sich ohne Rest durch 2 teilen. Folglich können sie nicht prim sein. Zu diesem Zweck bildet man eine Unterschiedsmenge, oder »Mengendifferenz«, gekennzeichnet durch \, einen umgekehrten Schrägstrich:

$$\{1, \ldots, 9\} \setminus \{2, 4, 6, 8\} = \{1, 3, 5, 7, 9\}.$$

Dabei werden die fraglichen Elemente entnommen. Es bleibt eine Untermenge zurück, die nur noch Ziffern für ungerade Zahlen beinhaltet. Von diesem Rest muß noch die 9 entfallen – sie ist ohne Rest durch 3 teilbar. Aus Gründen, die hier nichts zur Sache tun, ist auch die 1 nicht prim. Entnimmt man auch noch diese beiden, kommt man zu der geläuterten Unterschiedsmenge der gesuchten Elemente:

$$\{1, 3, 5, 7, 9\} \setminus \{1, 9\} = \{3, 5, 7\}.$$

Die 2 ist jedoch auch eine Primzahl, war aber beim Abzug der geraden Zahlen entfallen. Der Mangel läßt sich mit Hilfe der Mengenvereinigung beheben. Dafür steht ein Zeichen, das dem Großbuchstaben U gleicht. Damit gelangt man zu

$$\{2\} \cup \{3, 5, 7\} = \{2, 3, 5, 7\}.$$

Das ist die geläuterte Untermenge, die man sich als stellvertretend für glaubhafte Nachrichten denken kann. Die Mengenvereinigung war für die Alchemisten ebenso von Belang. Zeigte sich, daß die Entfernung bestimmter Bestandteile die erstrebten Eigenschaften ihres Gemischs tilgte, kehrte der Mischer zu einem vorherigen Zustand zurück. Genauso kann man beim Sichten der Info-Flut voreilig verworfene Verlautbarungen erneut in Betracht ziehen.

Es liegt in der Natur der Sache, daß die Vereinigung mit Teilmengen nichts bewirkt, weil mehrfache Zugehörigkeit von Elementen wie erwähnt keinen Sinn macht. Das zeigt ein einfaches Beispiel wie

$$\{2, 3\} \cup \{2, 3, 5, 7\} = \{2, 3, 5, 7\}.$$

Es steht für scheinbare Zugaben aus der Praxis der Bundesregierung. Bei vorübergehendem Abflauen der Corona-Seuche gewährte sie Grundrechte, die sie zuvor aufgehoben hatte. Grundrechte sind jedoch unveräußerlich. Sie stehen den Bürgern zu. Das vorgebliche Zugeständnis war also im rechtlichen Sinn eine Gabe, die man schon hatte. Wer gegen den Entzug bei den Verwaltungsgerichten klagte, bekam deshalb oft recht.

Das Filtern der Primziffern wird Sieb des Eratosthenes genannt, nach dem griechischen Mathematiker und Astronomen Eratosthenes von Kyrene (um 275–194 v. Chr.). Eratosthenes hatte einen gewissen Ruhm erlangt, weil er den Umfang der Erde für damalige Verhältnisse ziemlich genau berechnet hat. Die Behauptung, man habe bis ins Mittelalter geglaubt, die Erde sei eine Scheibe, ist also auch ein Medienmärchen.

Was nach Abzug der Primzahlen übrigbleibt, kann für die Spreu stehen, die beim Dreschen des Getreides oder nach der Auswahl glaubhafter Nachrichten entsorgt wird:

$$\{1, 4, 6, 8, 9\} = \{1, \ldots, 9\} \setminus \{2, 3, 5, 7\}.$$

Die Mächtigkeit der Ausschußmenge ist größer als die Zahl der gesuchten Elemente:

$$|\{1, 4, 6, 8, 9\}| = 5 > 4 = |\{2, 3, 5, 7\}|.$$

Auch das hat sie mit der Redundanz der Nachrichten gemein. Die Anzahl der Ungereimtheiten übersteigt die Zahl folgerichtiger Aussagen, und das bei weitem.

Ein anderes Werkzeug zur Sichtung von informellem Wildwuchs bildet der Schnitt von Mengen. Darunter versteht man die Gesamtheit der Elemente, die in zwei oder mehr Mengen zugleich auftreten. Sie wird mit dem Zeichen ∩, einem umgestülpten U, gekennzeichnet. So enthalten die Primzahlen und die geraden Zahlen beide die 2:

$$\{2, 3, 5, 7\} \cap \{2, 4, 6, 8\} = \{2\}.$$

Dieser Befund hilft ebenfalls, verschiedene Dinge auseinanderzuhalten. Elemente können insbesondere nur dann ungleich sein, wenn sie nicht zum Durchschnitt zweier Mengen zählen, wie zum Beispiel

$$\{1, 2, 3\} \cap \{2, 3, 4\} = \{2, 3\} \not\ni \{1, 4\}.$$

Hier gehören die Ziffern 1 und 4 nicht zum Schnitt der beiden Mengen. Das erfüllt eine notwendige Bedingung für ihre Verschiedenheit. Sie reicht jedoch nicht aus, wie der Fall

$$\{1, 2, 3, 4\} \cap \{2, 3\} = \{2, 3\} \not\ni \{1, 4\}$$

augenscheinlich macht. Dabei zählen dieselben Elemente auch nicht zum Schnitt, sie gehören aber beide derselben Menge an. Daran wird deutlich, an welchen

Kleinigkeiten es hängen kann, ob eine Sache stimmt. Durch die Mengendifferenz

$$\{1,\ldots,9\} \setminus \{2,3,5,7\} = \{1,4,6,8,9\}$$

entstehen insbesondere zwei fremde Teilmengen. Man bezeichnet sie als Komplemente, nicht zu verwechseln mit Komplimenten. Solche Untermengen bilden stets einen leeren Durchschnitt, wie im Beispiel die Primziffern und die verbliebene Restmenge

$$\{2,3,5,7\} \cap \{1,4,6,8,9\} = \emptyset.$$

Das ist gleichbedeutend damit, daß sie einander fremd sind. Das erinnert an die Orientierungen unvereinbarer Gegensätze aus dem ersten Kapitel. Das ist kein Zufall. Damit läßt sich in der Tat kennzeichnen, was einen Widerspruch ausmacht.

So bedeutet ein leerer Schnitt, daß ein Element des Ganzen nur einem der Komplemente angehören kann und nicht beiden. Die Behauptung des Gegenteils heißt daher »Satz vom Widerspruch«. Angewandt auf das Beispiel bedeutet er, es gebe eine Ziffer zwischen 1 und 9, die zu den Primziffern $\{2,3,5,7\}$ und zugleich zum Rest $\{1,4,6,8,9\}$ gehört:

$$\text{»}\exists\, z \in \{1,\ldots,9\} : z \in \{2,3,5,7\} \wedge z \in \{1,4,6,8,9\}.\text{«}$$

Die Anführungsstriche sollen darauf hinweisen, daß dies keine stimmige Erklärung darstellt. Das Zeichen $\wedge$ steht für logisches »und«. Genaugenommen handelt es sich um eine Definition. Aber die Bezeichnung »Satz« hat sich dennoch eingebürgert.

Die Aussage wirkt in dieser Form noch recht umständlich. Einfacher läßt sich die berichtigte Behauptung ausdrücken. Sie lautet: Für alle Elemente einer Menge X gilt, daß sie, wenn sie einer Teilmenge A ⊂ X angehören, nicht zu deren Komplement X\A zählen können.

$$\forall\, z \in X: z \in A \subset X \Rightarrow z \notin X\backslash A$$

Volkstümlich gesagt: Man kann nicht auf zwei Hochzeiten tanzen. So offenkundig dieser Sachverhalt auch erscheinen mag – dagegen wird öfter verstoßen, als man meinen möchte.

So hat das Europaparlament kaum Befugnisse. Die Abgeordneten werden auch nicht durch gleiche Wahlen bestimmt, sondern nach Quoten. Die Kommission, beauftragt mit den Geschäften einer Regierung, ist nicht vom Parlament gewählt, sondern ausgekungelt. Ein Land mit solchen Zuständen hätte nicht die geringsten Aussichten, in die EU aufgenommen zu werden. Die Eurokraten dulden nur Mitgliedschaften demokratischer Gemeinwesen, gehören aber selbst nicht zu diesen, sondern zu deren Komplement.

Ein weiteres Beispiel für solche Widersprüche wird sogar an deutschen Schulen gelehrt. Dort trichtert man den Kindern ein, Gemeinsamkeiten der europäischen Sprachen ließen auf Abstammung der Völker von ein und derselben Menschengruppe schließen, den Indogermanen. Sonst ist von dieser mutmaßlichen Nation nichts überliefert.

Von den Deutschen behaupten Oberlehrer und andere Bescheidwisser, daß ihre Berufung auf germanische Ursprünge abwegig sei. Zumal in Zeiten des multikulturellen Überschwangs wird ein buntes Wurzelgemüse als deren Herkunft genannt. Deutsch ist indessen die europäische Sprache, die germanische Elemente am stärksten bewahrt hat. Ein geradezu klassischer Fall für den Satz vom Widerspruch: Die sprachlichen Spuren zählen – und zählen zugleich nicht.

Das läßt sich als eine vereinfachte Weise des Satzes vom Widerspruch darstellen. Ein Element gehört dazu, aber auch nicht:

$$z \in X \not\ni z.$$

Diese verquere Denkweise kennt man auch als Messen mit zweierlei Maß. Nach diesem Muster werden Beschwerden und gesundheitliche Schäden bis zum Tod im zeitlichen Zusammenhang mit Corona-Impfungen nicht ohne weiteres als Folge des Eingriffs anerkannt. In Sachen Klimawandel genügt dagegen die Gleichzeitigkeit von Zunahme an CO_2 und Anstieg der Durchschnittstemperatur, um als Ursache zu gelten.

Nichtzugehörigkeit läßt sich statt durch $z \notin X$ auch durch den Negator $\neg$ ausdrücken, den Verneiner. Die Zeichenkette

$$\neg\,(\,z \in X\,)$$

besagt dasselbe wie $z \notin X$. Doch die Verneinung mittels Negator ist weniger scharf gefaßt, weil offenbleibt, zu welcher Menge die Unbestimmte z ∈ X zählt. Andererseits hat sie die praktische Eigenschaft, bei Verdoppelung den ursprünglichen Zustand wiederherzustellen:

$$\neg\,[\neg\,(\,z \in X\,)] \;=\; \neg\,(z \notin X\,) \;=\; z \in X.$$

Jedes erneute Verneinen bewirkt ein Umspringen wie bei einer Lampe, die auf- und abblinkt. Aussagen können folglich stimmen, wenn dadurch eine widersprüchliche Behauptung bestritten wird. Das ist mehr als eine Binsenweisheit.

So freuen sich Forscher über Einspruch gegen ihre Ergebnisse, was anderwärts eher als lästig empfunden wird. Sie sind keine Rechthaber, sondern neugierig, und wollen wissen, was Sache ist. Kann ein Kritiker mit seinen Einwänden überzeugen, bewahrt er den Sucher vor einem Irrweg. Scheitert die Einrede dagegen, liefert sie eine willkommene Bestätigung des eigenen Befunds.

Ob eine Behauptung als richtig oder falsch gilt, hängt im Alltag oft davon ab, wer sie aufstellt. Das merkt mancher Angestellte auf dem Fuß, wenn er seinem Chef widerspricht. Der Papst in Rom beansprucht in Fragen der katholischen Glaubenslehre sogar Unfehlbarkeit. Schon die Römer wußten indessen: Irren ist menschlich, errare humanum est.

Ebenso menschlich mutet es an, weniger genau hinzuschauen, wenn es den eigenen Zielen förderlich erscheint, und ganz genau, wenn es ihnen entgegensteht. Dazu werden gern auch Unstimmigkeiten in Kauf genommen. Gewöhnlich hält jede Seite ihre Ansichten für die zutreffenden, die des Gegners für die abwegigen.

So gerieten bei Andauern der Corona-Seuche die Impfunwilligen ins Fadenkreuz der Politik. Angeblich stellten sie auch für die Geimpften eine Gefahr dar. Aber die sind doch angeblich geschützt! Folglich könnten sich die Ungeimpften nur selbst gefährden ...

Für diejenigen, die den Widerspruch durchschauen, wurde angeführt, im Krankheitsfall würden Impfgegner das Gesundheitssystem belasten. Gleichzeitig bestreitet niemand einem Krebspatienten, der siebzig Zigaretten am Tag geraucht oder sich durch Alkoholabhängigkeit eine Leberzirrhose zugezogen hat, das Anrecht auf Behandlung.

Aber recht viele Ungeimpfte, die sich womöglich bester Gesundheit erfreuen, sind wandelnde Widersprüche zu den Segnungen der Pharmaindustrie und der Gängelei durch gekaufte Politiker.

Aber wer an der Macht ist, hat auch mehr Möglichkeiten, seine Ansichten zu verbreiten und durchzusetzen. Ferner verfügt er über wirksamere Mittel, unliebsame Kritik zu bekämpfen oder diejenigen, die sie äußern, abzustrafen. Meinungen sind noch lange nicht richtig, nur weil man sie oft hört. Ihre Bekanntheit zeugt zunächst nur von dem beträchtlichen Gewicht derer, die sie vertreten. Umgekehrt sind Äußerungen noch lange nicht falsch, nur weil sie so bezeichnet werden, von wem auch immer.

Wegweiser der Logik:
Tautologie, Mengendifferenz, Mengenvereinigung, Durchschnitt, komplementäre Teilmengen, Satz vom Widerspruch, Verneinung, doppelte Verneinung

Sinnzeichen:
\ abzüglich
∪ vereinigt
∩ geschnitten
¬ Negator

DRITTER TEIL

ZUSAMMENHÄNGE

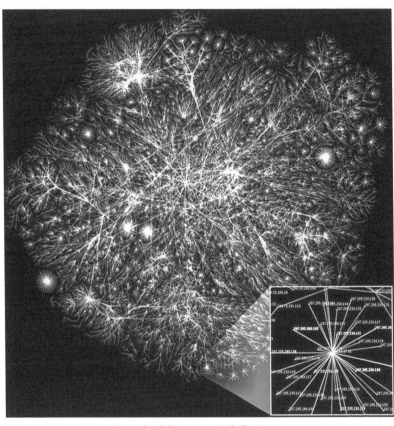

Veranschaulichung eines Teils des Internets

Zwischen geklärten Vorgaben lassen sich Bezüge bestimmen. Sie erlauben – wie könnte es bei der Dualität der Logik anders sein – zwei gegensätzliche Deutungen. Zum einen kann man verschiedene Arten von Beziehungen willkürlich herstellen und zu aufwendigen Netzen ausbauen. Andererseits ermöglichen sie es, höchst verwickelte Verflechtungen, wie wirtschaftliche Unternehmen sie pflegen, anhand bestimmter Muster auseinanderzuklamüsern. Beide Auffassungen stellen Filter dar, wie sie zu Anfang geschildert wurden. Dabei werden einmal verschiedene Vorgaben verknüpft, ein andermal Knoten aufgedröselt.

Beide Formen von Beziehungen eröffnen einen Blick auf Wechselwirkungen und Einflüsse, denen Gegebenheiten unterliegen oder die sie ausüben. Insbesondere läßt sich nachvollziehen, wie öffentliche und private Meinungen durch das Schalten und Walten einer missionarisch gesinnten Medienkaste geprägt werden.

Kapitel 8
Bezüge

*Eine Beziehung wird vorwärts gelebt
und rückwärts verstanden.*
Kenneth Branagh

Das Internet, auch »Weltnetz« oder kurz »das Netz« genannt, hat eine Unzahl von Beziehungen zwischen Menschen, Computern, Hochschulen, Forschungsanstalten und weiteren Einrichtungen aller Art geknüpft. Es hat Zugänge zu Bibliotheken, Archiven und anderen Quellen von Nachrichten, Informationen und Unterhaltung eröffnet. Als Folge davon strömen unvorstellbare Massen an Daten rund um den Erdball.

Maß und Ziel dieser Entwicklungen sind noch nicht abzusehen. Doch schon jetzt bewirken sie Umwälzungen wie zuletzt die Erfindung des Buchdrucks durch Johannes Gutenberg aus Mainz (um 1400–1468). Wirtschaft, Wissenschaft und Kultur erleben einen Schub sondergleichen, im Guten wie im Schlechten. Noch unüberschaubare Möglichkeiten mit all ihren Licht- und Schattenseiten tun sich immer weiter auf.

Doch auch diesem Moloch ist mit folgerichtigem Schließen beizukommen. Nüchtern betrachtet hat man es mit Einheiten zu tun, die durch Verbindungen zwischen ihren Bestandteilen mehrfach zusammenhängen. Diesen Sachverhalt beschreibt die Mengenlehre durch Relationen. Das sind Zusammenhänge zwischen Mengen, die einander fremd sein können, wie

$$A := \{a, b, c\} \quad \text{und} \quad B := \{1, 2\}.$$

Man mag sie sich zur Veranschaulichung als Kleinbetriebe vorstellen, deren Personal die Elemente sind. Sämtliche Möglichkeiten für Kontakte zwischen den Angehörigen beider Unternehmen umfaßt das Kreuzprodukt

$$A \times B = \{(a, 1), (a, 2), (b, 1), (b, 2), (c, 1), (c, 2)\},$$

auch »Mengenprodukt« oder »kartesisches Produkt« genannt. Ebenso wird es »Kreuzmenge« geheißen, weil es mit einem Symbol ähnlich dem Großbuchstaben X gekennzeichnet ist. Das Gebilde besteht aus den geordneten Paaren, die sich mit den Elementen beider Mengen zusammenstellen lassen. Bildlich gesprochen: Jeder Mitarbeiter der Firma A steht mit allen Beschäftigten von B in Kontakt.

Die Paarungen heißen auch »Tupel« oder »Vektoren« und stellen die Elemente der Kreuzmenge dar. In der Praxis wird meist nur ein Teil der Belegschaft mitwirken, darstellbar durch eine Teilmenge des Kreuzprodukts, wie zum Beispiel

$$R = \{(a, 1), (a, 2), (b, 1)\} \subset (A \times B).$$

Eine solche Untermenge wird »Relation« genannt. Dabei hat der Mitarbeiter $a \in A$ mit beiden Mitgliedern der Belegschaft von B zu tun. Sein Kollege $b \in A$ kümmert sich nur um $1 \in B$. Wegen der Selbstbezogenheit (oder »Reflexivität«) von Mengen bildet auch das ganze kartesische Produkt eine solche Relation:

$$R = (A \times B) \subset (A \times B).$$

Ihr Gegenstück ist die leere Relation

$$R = \emptyset \subset (A \times B).$$

Sie kennzeichnet die Beziehungslosigkeit. Die beiden unechten Teilmengen des Produkts umreißen die Bandbreite möglicher Bezüge. Der Erfolg im Geschäftsleben hängt sicherlich zu einem Großteil davon ab, welche Kontakte wirtschaftliche Unternehmen zu einer Partnerfirma pflegen.

Ferner sind Relationen geeignete Verfahren zur zielgerichteten Planung der Arbeitsweise. Reisebüros werden danach trachten, dem Fernweh von Urlaubern entsprechende Ferienziele gegenüberzustellen. Dabei bilden die Wünsche der Kunden mit den erreichbaren Orten der Sehnsucht eine Relation.

Besucher einer fremden Stadt suchen nach Haltestellen der Verkehrsmittel, von denen aus örtlichen Sehenswürdigkeiten leicht zu erreichen sind. Dazu bildet der Tourist bewußt oder unbewußt geordnete Paare von Bahnhöfen, Bushaltestellen oder Parkplätzen mit öffentlichen Gärten, Museen oder Denkmälern. Auch das ist eine Relation.

Lebenswichtig kann die richtige Einschätzung von Bezügen zwischen Freund und Feind bei militärischen Lagebeurteilungen sein. Dabei geht es um Kopf und Kragen. Also ist es unabdingbar zu wissen, welche eigenen Kräfte (gewöhnlich als Blau gekennzeichnet) denen des Feindes (als Rot gekennzeichnet) wie und wo gegenüberliegen. Eine Relation sorgt dabei für die nötige Übersicht.

Um von Vorstößen durch Rot nicht überrascht zu werden, beziehen militärische Stäbe Fähigkeiten und denkbare Absichten der Gegenseite in ihre Planspiele mit ein. Dazu dient die Umkehrrelation

$$R^{-1} \subset (B \times A) = (A \times B)^{-1},$$

gekennzeichnet durch eine hochstehende 1 mit Minuszeichen. Sie kann für eine Lagebeurteilung von Rot stehen. Dabei handelt es sich um eine Teilmenge des Kreuzprodukts B × A, bei dem die Mengen und die Elemente der geordneten Paare ihre Plätze tauschen:

$$R^{-1} = \{(1, a), (2, a), (1, b)\} \subset (B \times A).$$

Nicht alle Relationen sind umkehrbar. Aber wo es geht, verkörpert die Umkehrrelation die Sicht der anderen Seite. Bei Geschäftsbeziehungen ist das der Blick vom Standpunkt des Zielunternehmens aus. Der kontaktierte Wirtschaftsbetrieb wird auch seinerseits darauf schauen, welche Angebote von Partnerfirmen kommen, die gute Verarbeitung und annehmbare Preise bieten.

Reisebüros wiederum dürften sich nach weiteren Ferienzielen umsehen, um neue Kundenkreise zu erschließen. Betreiber von Ausflugslokalen werden darauf achten, daß ihre Einrichtungen an den Nahverkehr angebunden sind, damit Besucher sie mühelos erreichen können.

Freilich könnte man meinen, alle Betroffenen täten dies sowieso, ohne je von Mengenrelationen gehört zu haben. Vielleicht! Aber tüchtige Organisatoren werden gern alle Hilfsmittel ausschöpfen, die ihnen ein systematisches Vorgehen erleichtern. Sie sind kostenlos, ausgiebig durchdacht und in allen Einzelheiten benannt. In dem Fall

$$R \subset \{a, b, c\} \times \{1, 2\} = A \times B$$

bezeichnet man die links stehende Menge als Quelle und die rechte als Ziel. Dabei liegt die Vorstellung zugrunde, daß der Zusammenhang von A ausgeht, eben wie bei einer Quelle, deren Wasser zur Mündung fließt, nämlich dem Ziel B zu. Eine weitere Bezeichnung der Quelle lautet »Träger«. Das Ziel wird auch »Wertebereich« genannt.

Für die geordneten Paare gelten mehrere Schreibweisen. Die bisher verwendete kennzeichnet sie als Elemente der Teilmenge

$$(a, 1) \in R.$$

Eine andere Form ist

$$a \, R \, 1.$$

Sie bezieht die Relation unmittelbar auf jedes einzelne Paar. Dabei heißt das $a \in A$ der Quelle auch »Parameter« und sein Partner $1 \in B$ der Zielmenge sein »Wert«. Eine weitere Fassung der Paarung ist

$$R(a) = 1,$$

gesprochen: »R von a gleich 1« oder, ausführlicher: »Der Parameter a ∈ A hat den Wert 1 ∈ B.« Welche Fassung man wählt, kann man von den Größen abhängig machen, die im Vordergrund stehen. Jedenfalls sind alle gleichbedeutend oder äquivalent. Die Benennungen bis in kleinste Teile mag pingelig erscheinen. Aber nur so ist es möglich, jederzeit vom Gesamtplan in die Einzelheiten zu gehen oder umgekehrt. Für die geordneten Paare der Umkehrrelation gelten entsprechende Bezeichnungen:

$$R^{-1}(1) = a \quad \text{oder} \quad 1\,R^{-1}\,a \quad \text{oder} \quad (1, a) \in R^{-1}.$$

Die Reihenfolge der Elemente und Mengen ist ein wesentliches Merkmal der Bezüge. Daraus folgt, daß die Tupel von Relationen und deren Umkehrung ungleich sind:

$$(a, 1) \neq (1, a).$$

Der Vektor $(a, 1) \in R$ gehört zur Relation und sein Gegenstück $(1, a) \in R^{-1}$ zur Umkehrrelation.

Einen Sonderfall bilden Teilmengen der Kreuzprodukte, die man »Korrelationen« nennt. Sie sind ein wichtiges Hilfsmittel für die Untersuchung und Deutung von Daten. Die Bezeichnung besagt soviel wie »Gleichklang« oder »Ähnlichkeit«. Damit läßt sich die Stärke der wechselseitigen Abhängigkeiten messen.

Für ein durchschaubares Beispiel werde die Menge $B = \{1, 2\}$ um ein weiteres Element zu B: = $\{1, 2, 3\}$ ergänzt. Gleichmächtige Mengen vereinfachen den Vergleich.

Mit der unveränderten Menge A = {a, b, c} bildet die Relation

$$K = \{(a, 1), (b, 2), (c, 3)\} \subset A \times B$$

das Gerüst, bei dem die Elemente ihrer Reihenfolge nach gegenübergestellt werden. Will man etwa die Tüchtigkeit von Landwirten anhand ihrer Kartoffelernte beurteilen, entspricht der Quelle A die der

Landwirte = {{Kluge}, {Mittelmäßige}, {Dumme}},

die nach ihrem Talent aufgereiht sind. Ebenso sei deren Kartoffelernte nach der Größe angeordnet:

Kartoffeln = {{Dicke}, {Durchschnitt}, {Mickrige}},

die das Ziel bildet. Dann ergibt die Korrelation

$$K \subset \text{Landwirte} \times \text{Kartoffeln}$$

das bekannte Sprichwort, daß die dümmsten Bauern die dicksten Kartoffeln haben, nämlich mittels der Korrelation

$$K = \{(\{\text{Kluge}\}, \{\text{Mickrige}\}), (\{\text{Mittlere}\}, \{\text{Durchschnitt}\}), (\{\text{Dumme}\}, \{\text{Dicke}\})\}.$$

Dabei folgt die Redensart der Rollenverteilung zwischen Quelle und Ziel, wonach der Einfluß vom Geisteszustand der Bauern ausgeht. Doch das ist nur eine Formfrage.

Ebensogut könnte man die Umkehrrelation heranziehen:

$$K^{-1} \subset Ka \times La = (La \times Ka)^{-1}.$$

Denkbar wäre auch, daß künstlicher Dünger das Wachstum der Feldfrüchte gesteigert, aber zugleich der geistigen Gesundheit der Bauern geschadet hat. Damit würde unterstellt, daß die Landwirte bei reichlichen Ernten verdummen.

Der Paradefall kennzeichnet einen aktuellen Streit. So machen Umweltkämpfer eine Zunahme von Kohlendioxid in der Luft für einen Anstieg der Temperaturen auf der Erde verantwortlich. Dazu verweisen sie auf Korrelationen, die einen solchen Zusammenhang zwischen steigenden Temperaturen und einer Zunahme von CO_2 in der Luft nahelegen.

Darüber ist ein Hader entbrannt, der die Form von Glaubenskämpfen angenommen hat, wie sie in Religionskriegen ausgefochten wurden. Eine nüchterne Betrachtung wäre dringend nötig, um die Erörterung zu versachlichen. Auch im Fall des Klimas wäre die Umkehrrelation eine ebenso zulässige Deutung. Eine Erwärmung der Erde wäre womöglich die Ursache für den Anstieg des Kohlendioxids.

Auch bliebe die Möglichkeit in Betracht zu ziehen, daß sich beide Merkmale wechselseitig beeinflussen. Ferner gibt es Fälle, in denen beide Erscheinungen von einem unbekannten Dritten abhängen. Auch könnte eine gesteigerte Aktivität der Sonne beides bewirken: Erwärmung und Vermehrung von CO_2. Alle Sichtweisen wären gleichermaßen berechtigt.

Es gibt zudem selbstverstärkende Prozesse, die nur einen Anstoß brauchen, um ins Rollen zu kommen. So tauen Teile des Permafrosts auf, des durchgehend gefrorenen Bodens im Bereich der Pole oder in Höhenlagen der Berge. Dabei wird unter anderem Methan freigesetzt, das als stärkeres Treibhausgas gilt als Kohlendioxid. Auch das könnte eine weltweite Erwärmung erklären, was auch immer sie ausgelöst haben mag.

Statistiker kennen zudem den Begriff der »Unsinnskorrelation«. Sie meinen damit eine zufällige Erscheinung, die nicht unbedingt etwas zu bedeuten hat. Allerdings ist kein wissenschaftliches Verfahren bekannt, um mutmaßlich sinnvolle von scheinbar unsinnigen Korrelationen zu unterscheiden. Es handelt sich um eine Frage des Ermessens.

Es entsteht indessen der Eindruck, daß der Spielraum im Fall des Klimawandels in vollem Umfang genutzt wird. Gesucht und benannt werden vorzugsweise Umstände, die für Kohlendioxid als Verursacher sprechen. Von Vorgängen, die vom Gegenteil zeugen könnten, hört man fast gar nichts. Das ist, gelinde gesagt, unwissenschaftlich.

Obendrein kann eine Korrelation eine Frage nur ausnahmsweise durch »ja« oder »nein« entscheiden. In der Regel geht es um »mehr« oder »weniger«. Das liegt an dem Verfahren, mit dem das Maß der Abhängigkeit berechnet wird.

Im Fall des Klimas werden getrennte Meßreihen für Temperatur und CO_2-Gehalt mittels einer statistischen Formel verglichen. Die Ergebnisse können zwischen -1 und $+1$ schwanken. Positive Werte – solche größer als Null – würden für die Annahme eines gleichgerichteten

Zusammenhangs sprechen. Beide Merkmale entwickeln sich in derselben Richtung.

Bei Bauern und Kartoffeln wäre die Korrelation umgekehrt, weil die Zunahme der Erdäpfel angeblich mit einem abnehmenden IQ einhergeht. Das ergäbe eine negative Korrelation, mit Ergebnissen kleiner als Null.

Die Eckwerte +1 oder −1 werden in der Praxis so gut wie nie erreicht. Was oberhalb von +0,5 oder unter −0,5 liegt, gilt bereits als signifikant. Das heißt soviel wie »bedeutsam« oder »beachtenswert«. Ein Grund dafür ist, daß sich in der Natur so gut wie immer mehrere Einflüsse überlagern. Ergibt sich ein Koeffizient nahe Null, gleichviel ob drüber oder drunter, zeugt das von schwacher Wechselwirkung oder von gar keiner.

Forscher sind meist froh und glücklich, wenn sie eine Hauptkomponente des Zusammenhangs erwischt haben. Doch von anderen mitwirkenden Umständen, die sogar den Großteil der Wirkung ausmachen könnten, wollen überzeugte Weltenretter nichts wissen. Sie behaupten, zusätzliches Kohlendioxid sei von Menschen gemacht und allein für einen Anstieg der Temperaturen verantwortlich. Das aber sind bereits zwei Annahmen, die getrennt zu belegen wären. Eine lautet, der Anstieg von CO_2 sei durch die Zivilisation verursacht; die zweite, genau das bewirke steigende Temperaturen.

Um ganz genau zu sein – und das sollten Wissenschaftler immer –, wäre auch zu prüfen, ob die Erwärmung von Dauer ist oder eine vorübergehende Erscheinung. Meteorologen beschränken ihre Einschätzung des Klimas auf Perioden von dreißig Jahren. Die Weltenretter geben vor zu wissen, wie es Ende des Jahrhunderts aussehen wird.

Korrelationen allein bilden mithin keinen ausreichenden Beleg. Selbst wenn sich jemand die Mühe gemacht hätte, den Intelligenzquotienten einer Stichprobe von Landwirten zu ermitteln und zugleich deren Kartoffelernte zu wiegen, wäre das zunächst nur ein Vergleich zweier Meßgrößen. Weitere Untersuchungen müßten den Hinweis erhärten.

Besonders abwegig ist die Behauptung von der Einmütigkeit der Wissenschaft in der Frage des Klimawandels. Eine Abstimmung unter Gelehrten ist nirgends belegt. Sie wäre auch unsinnig: Wissenschaftliche Fragen lassen sich nicht durch Mehrheiten entscheiden – Forschung ist schieres Spezialistentum.

Bahnbrechende Entdeckungen wurden sogar vorwiegend von Außenseitern gemacht. Meist haben tonangebende Platzhirsche sie anfänglich bekämpft. Von dem Nobelpreisträger Konrad Lorenz ist die Bemerkung überliefert: »Wenn ich auf heftige Widerrede stoße, merke ich, daß ich etwas Neues sage.«

Angenommen, eine Übereinstimmung mutmaßlicher Experten wäre wirklich gegeben. Dann wäre das ein untrügliches Zeichen dafür, wie wenig der ganze Rummel mit Wissenschaft zu tun hat. Freie Forschung zeichnet sich vielmehr durch lebhafte Auseinandersetzungen aus. Selbst bei bestens begründeten Ergebnissen bleiben immer Fragen offen und Ursachen benennbar, die dagegen sprechen könnten.

Mit diesem, scheinbar widersprüchlichen Sachverhalt tun sich Außenstehende meistens schwer. Einer der Gründe ist jedoch leicht einzusehen: Wissenschaftliche Schlußfolgerungen hängen eisern von den Voraussetzungen ab, von denen sie ausgehen. In der Regel gibt es unendlich viele. Doch auch beim besten Willen läßt sich nur eine begrenzte Zahl berücksichtigen. So kann man von unterschiedlichen Ausgangsbedingungen zu verschiedenen Schlüssen kommen, die alle etwas für sich hätten.

Wegweiser der Logik:
Kreuzmenge, Mengenprodukt, kartesisches Produkt,
Relation, geordnetes Paar, Tupel, Vektor, Parameter,
Quelle, Ziel, Träger, Wertebereich,
Umkehrrelation, Korrelation

Sinnzeichen:
$A \times B$ Kreuzmenge
$R \subset (A \times B)$ Relation
$R^{-1} \subset (A \times B)^{-1} = B \times A$ Umkehrrelation
$R(a) = 1, a R 1, (a, 1) \in$ geordnete Paare
$R^{-1}(1) = a, 1 R^{-1} a, (1, a) \in R^{-1}$ Paare der Umkehrrelation

Kapitel 9
Abbildungen

Das Auge macht das Bild, nicht die Kamera.
Gisèle Freund

Wie vor allem Leser von Liebesdramen wissen, pflegen Männer und Frauen Beziehungen, die einer sehr eigenwilligen Logik folgen. Deshalb dürfte es erstaunen, daß auch Romanzen nach bestimmten Regeln verlaufen, die besonderen Relationen der Mengenlehre entsprechen. Dazu denke man an eine Herrenriege auf Brautschau:

$$M = \{\text{Adam, Bodo, Chris}\}.$$

Sie kann eine Quellmenge verkörpern, deren Ziel ein Damenkränzchen

$$F = \{\text{Helga, Olga, Nora}\}$$

ist. Alle drei seien bildschön, ohne jedoch das Denkvermögen der Herren so sehr zu beeinträchtigen, daß die ganze Logik durcheinandergerät. Eine Relation zwischen Quelle und Ziel

$$g \subset M \times F$$

legt das nötige Feuer zwischen Riege und Kranz. Daraus könnten sich folgende Beziehungen entwickeln:

g = {(Adam, Helga), (Bodo, Nora), (Bodo, Helga), (Chris, Olga)}.

Adam und Bodo machen beide Helga den Hof. Bodo sucht zugleich Nora zu umgarnen. Chris müht sich allein um Olga. Was in den Beteiligten vorgeht, muß der Phantasie von Romanschreibern überlassen bleiben. Vom Standpunkt eines nüchternen Beobachters aus gesehen erfüllt die Relation g vor allem die Bedingung der *Linksvollständigkeit*, bei der alle Herren (Parameter) der links stehenden Riege mindestens um eine der Damen (Werte) werben.

Solche Bezüge bilden also eine besondere Untermenge der Relationen. In der Zeichensprache der Mengenlehre bedeutet deren Vorgabe

$$\forall\, m \in M\ \exists\, f \in F : (m, f) \in g.$$

In Worten: Für alle Elemente der Quelle $m \in M$ gibt es mindestens einen Wert $f \in F$ des Ziels, mit dem sie ein geordnetes Paar bilden.

Nora dürfte freilich nicht entgangen sein, daß Bodo auch nach Helga schielt. Wenn Eifersucht sie leitet, kappt sie womöglich den Draht zu ihm und bleibt lieber Mauerblümchen. Zieht auch Bodo sich daraufhin ganz zurück, schrumpft die Angelegenheit zu der neuen Relation

$$g_1 = \{(\text{Adam, Helga}), (\text{Chris, Olga})\} \subset M \times F.$$

Damit wäre jedoch die Linksvollständigkeit nicht mehr gegeben. Allerdings erlaubt die Mengenlehre es, sich auf einen Teil der Quelle zu beschränken, wenn das gekennzeichnet ist. Adam dürfte das recht sein, denn er wäre den Rivalen los, der ihm die Helga streitig macht. Damit erfüllt die veränderte Relation ein weiteres Merkmal, die *Rechtseindeutigkeit*, weil die aktiven Herren der Riege nur um eine Dame werben.

Man könnte diese Regel als Verbot von Vielweiberei deuten, allgemeingültig ausgedrückt durch

$$\forall\, m \in M\ \exists_1\, f \in F : (m, f) \in g.$$

Wortreich gesagt: Für alle Parameter der Quelle $m \in M$ gibt es genau ein einziges Zielelement $f \in F$, zu dem eine Beziehung besteht. Die tiefgestellte 1 am Existenzquantor $\exists_1$ beschränkt die Auswahl auf ein Element, weil im Normalfall mehrere zugelassen sind. Rechtseindeutige Relationen erfüllen damit gleichermaßen eine Zusatzbedingung und bilden somit ebenfalls eine Teilmenge der allgemeinen Bezüge.

Jetzt nimmt das Drama eine erneute Wende: Bodo kommt wieder aus seinem Schmollwinkel und streicht um Helga herum. Die Relation g_2 zeigt an, wie sich die Szene geändert hat:

$$g_2 = \{(\text{Adam, Helga}), (\text{Bodo, Helga}), (\text{Chris, Olga})\} \subset M \times F.$$

Davon ist Adam alles andere als begeistert. Erst konnte er hoffen, der Kerl werde sich letztlich für Nora entscheiden. Doch daraus wird offenbar nichts. Nora bleibt vorerst noch außen vor. Jetzt steht Adam ein Rivale im Weg.

Helga fühlt sich eher geschmeichelt, wenn ihr mehrere Männer zu Füßen liegen.

Damit sind beide Vorgaben erfüllt: Linksvollständigkeit und Rechtseindeutigkeit. Solche Relationen heißen »Abbildungen«. Der Zusammenhang mit Malerei und Photographie sei zunächst dahingestellt. Jedenfalls ist für solche Bezüge eine anschauliche Schreibweise üblich:

$$g_2 : M \to F.$$

Der Pfeil $\to$ symbolisiert die Vorstellung, daß die Quelle M auf das Ziel F abgebildet wird. Entsprechend heißt F jetzt »Bildmenge« und M »Urmenge« oder »Urbildmenge«. Jedes Element $m \in M$ wird »Urpunkt« genannt und alle $f \in F$ »Bildpunkte«.

Wenn Adam und Bodo einander ins Gehege kommen, verstößt das nicht gegen die Vorgaben. In diesem Rahmen dürfen die Damen mehreren Männern schöne Augen machen. Auch Noras Enttäuschung ist wohl mißlich für sie, aber für Abbildungen zulässig.

Um das vornehmlich männliche Betreiben in solchen Fällen zu betonen, eignet sich eine andere Darstellung vielleicht besser, die für alle Relationen gilt:

$$g_2 \,(\text{Adam}) = \text{Helga}, \, g_2 \,(\text{Bodo}) = \text{Helga}, \, g_2 \,(\text{Chris}) = \text{Olga}.$$

Abbildungen sind ebenfalls eine ganz besonders wichtige Untermenge gewöhnlicher Bezüge. Man begegnet ihnen bei folgerichtigem Schließen auf Schritt und Tritt.

{Abbildungen} ⊂ {Relationen} ⊂ {Kreuzmengen}

Deshalb behält aber die Schreibweise als Relation $g_2 \subset M \times F$ ihre Gültigkeit. Damit ist erstmals ein Fall gegeben, der von zwei notwendigen Voraussetzungen abhängt.

Unterdessen ist bei Riege und Kranz $g_3 : M \to F$ eine erneute Wende eingetreten. Mauerblümchen Nora kommt wieder ins Spiel und bringt noch ihre Freundin Paula mit. Diese erweitert die Damenriege zu

$F_1 = \{\text{Helga, Olga, Nora, Paula}\}.$

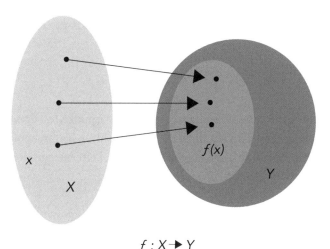

$f : X \to Y$

Schematische Darstellung einer Abbildung f : X → Y. Die Bezeichnung mit dem Kleinbuchstaben f ist sehr verbreitet, weil sie ursprünglich für Funktionen verwendet wurde. »Abbildungen« wurden daraus später. Urpunkt und Bildpunkt heißen hier x ∈ X und f(x) ∈ Y. Hell unterlegt ist die Teilmenge f(x) ⊂ Y, gesprochen: »Bild von X unter der Abbildung f«.

Daraufhin gibt Bodo die Helga auf und wendet sich Paula zu. Das ist vor allem dem Adam recht – er ist den Rivalen los. Nur Nora schaut wieder in die Röhre. Damit ergibt sich eine neue Lage:

$$g_3 = \{(\text{Adam, Helga}), (\text{Bodo, Paula}), (\text{Chris, Olga})\} \subset M \times F.$$

Die Abbildung bleibt dabei bestehen. Sie erfüllt vielmehr eine weitere Anforderung, nämlich die *Linkseindeutigkeit*, gekennzeichnet dadurch, daß jede Frau nur mit einem Mann aus der links stehenden Urmenge anbandelt.

Man – besser: frau kommt sich nicht mehr ins Gehege. Linkseindeutige Funktionen werden auch »umkehrbar« oder »injektiv« genannt. Logisch und knapp ausgedrückt:

$$\forall\, f \in F_1\; \exists_1\, m \in M : (m, f) \in g_3.$$

Für alle Bildpunkte gibt es genau einen Urpunkt, mit dem sie ein Tupel bilden. Injektionen in nichtmedizinischem Sinn bilden nochmals eine besondere Untermenge der Abbildungen:

$$\{\text{Injektionen}\} \subset \{\text{Abbildungen}\} \subset \{\text{Relationen}\}.$$

Eine Schlüsselrolle spielt dabei der umworbene Teil des Damenkranzes ohne Nora, nüchtern ausgedrückt: »das Bild der Urmenge M auf F_1 unter der Abbildung g_3«.

$$g_3(M) = \{\text{Helga, Olga, Paula}\} \subset F_1.$$

Dieser Teil der Bildmenge läßt sich eindeutig auf die Urmenge M zurückwerfen, und zwar mittels der Umkehrabbildung

$$g_3^{-1} : g_3(M) \to M.$$

Das ist in diesem Beispiel gleichbedeutend mit Damenwahl:

$$g_3^{-1} = (\text{Helga}) = \text{Adam}, \; g_3^{-1} = (\text{Paula}) = \text{Bodo},$$
$$g_3^{-1} = (\text{Olga}) = \text{Chris}.$$

Nora hat von dem ganzen Techtelmechtel die Nase voll und schließt sich einer Gruppe von Frauenrechtlerinnen an. Im Spannungsfeld zwischen Urmenge und Bildmenge steht die Herrenriege M wieder einem gleich großen Damenkränzchen gegenüber:

$$g_4 = \{\text{Adam, Bodo, Chris}\} \to \{\text{Helga, Olga, Paula}\} = F_3.$$

Die neue Lage $g_4 : M \to F_3$ erfüllt eine weitere Zusatzbedingung, nämlich die *Rechtsvollständigkeit*, auch »Surjektion« genannt, bei der alle Damen der Bildmenge umworben sind:

$$g_4(\text{Adam}) = \text{Helga}, \; g_4(\text{Bodo}) =$$
$$\text{Paula}, \; g_4(\text{Chris}) = \text{Olga},$$

knapp und logisch zusammengefaßt zu

$$\forall f \in F_3 \; \exists_1 \, m \in M : (m, f) \in g_4.$$

Wiederum hat man es mit einer besonderen Teilmenge der Relationen zu tun:

{Surjektionen} ⊂ {Abbildungen} ⊂ {Relationen}.

Weil aber auch die Eigenschaft der Linkseindeutigkeit erhalten geblieben ist, treten beiderseits geregelte Verhältnisse ein. Die anderen genannten Zusatzbedingungen sind ebenso erfüllt. Linksvollständige, rechtseindeutige, linkseindeutige und rechtsvollständige Relationen heißen »umkehrbar eindeutig« oder »bijektiv«. Sie stellen eine Untermenge der Injektion dar

{Bijektionen} ⊂ {Injektionen} ⊂ {Abbildungen}

und ebenso der Surjektionen

{Bijektionen} ⊂ {Surjektionen} ⊂ {Abbildungen}.

Bijektionen sind die mit Abstand wichtigsten Beziehungen, weil ihre Anwendungen weit über persönliche Verhältnisse zwischen Männern und Frauen hinausgehen. Wegen ihrer eindeutigen Zuordnungen sind sie das gegebene Hilfsmittel für lückenlose Bestandsaufnahmen, Abnahmeprüfungen und Vorkehrungen zur Sicherheit, wo Auslassungen oder Verwechslungen Fehler nach sich ziehen könnten.

Nicht zuletzt ermöglichen Bijektionen den Instituten für die Anbahnung von Ehen oder Liebesverhältnissen eine gezieltere Auswahl von Partnern nach Geschlecht, Alter, Wohnort, Vorlieben und weiteren Merkmalen, die zueinander passen sollen. Ob sie je von Funktionen gehört haben oder nicht, hätten sie jedenfalls danach gehandelt, wenn sie erfolgreich waren.

Darüber hinaus sind umkehrbar eindeutige Abbildungen ein unerläßliches Mittel für den Unterhalt des Angebots großer Kaufhäuser. Kein Mensch kann tausenderlei Artikel überblicken, wenn er keinen systematischen Plan zur Verfügung hat, der den Bestand laufend eins zu eins widerspiegelt. Die Montage von Kraftwagen oder anderen aufwendigen Maschinen und Geräten wäre ohne eine Bijektion zwischen Bauplänen, Bauteilen und Arbeitsgängen undenkbar.

Weil Menschen aber irren können oder aus anderen Gründen Fehler machen, ist vor allem bei der Abnahme aufwendiger Fertigungen eine abschließende Kontrolle angeraten. Den schlüssigen Abgleich zwischen Produkt und Vorgaben bietet wiederum nichts anderes als eine umkehrbar-eindeutige Abbildung.

Ein bekanntes, folgenschweres Beispiel, bei dem die Eindeutigkeit der Zuordnungen vernachlässigt wurde, ist der Zwischenfall mit Apollo 13 im April 1970. Auf der Fahrt zum Mond explodierte deshalb ein Tank mit flüssigem Sauerstoff. Die dreiköpfige Besatzung schaffte es gerade noch, heil zur Erde zurückkommen. Ursache des Unfalls war eine Kette von Versäumnissen.

Die amerikanische Raumfahrtbehörde NASA hatte den Auftrag für den Bau des Servicemoduls am Mondschiff an die Firma North American Aviation vergeben. Diese beauftragte ihrerseits die Firma Beechcraft, einen Tank des Moduls für flüssigen Sauerstoff herzustellen. Dazu gehörte ein Heizelement, das den notwendigen Betriebsdruck im Tank erzeugt. Ein Thermostat begrenzte die Aufwärmung auf ein unbedenkliches Maß. Sein Schalter war für eine Spannung von 27 Volt ausgelegt, wie sie an Bord von Apollo-Raumschiffen herrschte.

Später änderte die NASA die Vorgaben dahingehend, daß elektrische Baugruppen auf eine höhere Spannung von 65 Volt auszulegen seien, die auf der Startrampe anlag. Die Firma Beechcraft vergaß, dies nachzuholen. Bei unzureichender Abschlußkontrolle f_1 blieb der Fehler unbemerkt. Logisch betrachtet hatte man statt des geordneten Paars

$$(\text{Haben 67 Volt, Soll 67 Volt})$$

die Ungleichung

$$\text{Schalter} \ni (\text{Haben 27 Volt}) \neq (\text{Soll 67 Volt}) \in \text{Plan}.$$

Auch der Auftraggeber North American Aviation bemerkte den Mangel bei der Abnahme f_2 nicht. Ebenso rutschte der Schnitzer bei der Überprüfung seitens der NASA f_3 durch. Damit pflanzte sich der Fehler bereits über eine dreistellige Kette

$$f_3 \circ f_2 \circ f_1$$

fort. Der Kringel ∘ steht hier für eine Verknüpfung von Relationen. Das widersprach in krasser Weise dem damaligen Ruf besonderer Gewissenhaftigkeit in der Raumfahrttechnik. Hinzu kam eine weitere Nachlässigkeit: Bei einem Sturz wurde das Ablaßventil des Tanks beschädigt und nicht ersetzt.

$$f_4 \circ f_3 \circ f_2 \circ f_1$$

Beim letzten Probelauf vor dem Abflug stellte sich heraus, daß der Tank sich nicht wieder entleeren ließ. Da die Ablaßvorrichtung später nicht mehr nötig war, gingen die Prüfer der Sache aber nicht auf den Grund.

$$f_5 \circ f_4 \circ f_3 \circ f_2 \circ f_1$$

Statt dessen ließ man den restlichen Sauerstoff mit der Tankheizung verdampfen. Dabei verstärkte die Spannung von 67 Volt auf der Rampe den Strom dermaßen, daß die Kontakte des unzureichend ausgelegten Thermostats miteinander verschweißten. Der Kraftfluß wurde trotz Überhitzung auf 370 Grad nicht unterbrochen. Zu allem Überfluß war die Anzeige auf der Rampe nur bis 27 Grad ausgelegt. Darum blieb auch dieser Schaden unbemerkt.

$$f_6 \circ f_5 \circ f_4 \circ f_3 \circ f_2 \circ f_1$$

Im Kontrollzentrum wurde der ununterbrochene Strom zwar aufgezeichnet, aber niemand beachtete es.

$$f_7 \circ f_6 \circ f_5 \circ f_4 \circ f_3 \circ f_2 \circ f_1$$

Damit war das Unheil nicht mehr aufzuhalten. Als sich die Besatzung von Apollo 13 während des Flugs des Servicemoduls bedienen wollte, zündete ein Kurzschluß.

Der löste einen Brand aus, der den Druck im Tank so lange erhöhte, bis dieser explodierte. Die Folgeschäden am Raumschiff zwangen dazu, die Mission abzubrechen und schnellstmöglich zur Erde zurückzukehren. Die Besatzung kam mit knapper Not davon. Maßgebliche Vertreter der NASA feierten ihre »Rettung« als besonderen Erfolg.

Wegweiser der Logik:
Linksvollständigkeit, Rechtseindeutigkeit, Abbildung, Urmenge, Bildmenge, Urpunkt, Bildpunkt, Linkseindeutigkeit, Injektion, Rechtsvollständigkeit, Surjektion, Bijektion

Sinnzeichen:
$\forall\, m \in M\ \exists\, f \in F : (m, f) \in g$ linksvollständige Relation g
$\forall\, m \in M\ \exists_1 f \in F : (m, f) \in g$ rechtseindeutiges g
$g : M \to F$ Abbildung von m auf F
M   Urmenge
F   Bildmenge
$m \in M$ Urpunkt
$f \in F$ Bildpunkt
$\forall\, f \in F_1\ \exists_1 m \in M : (m, f) \in g_3$ linkseindeutiges g_3
$g_3(M) \subset F$ Bild von M unter der Funktion g_3
$g_3^{-1} : g_3(M) \to M$ Umkehrabbildung von g_3
$\circ$ Verknüpfung von Relationen

Kapitel 10
Mehrfachbezüge

Alles hat zwei Seiten. Aber erst wenn man erkennt, daß es drei sind, erfaßt man die Sache.
Heimito von Doderer

Ob es um das Klima und Spurengase in der Luft geht, um die Tüchtigkeit von Bauern und deren Erträge, die Wirkung und die Nebenwirkungen von Kunstdünger und Schutzimpfungen, um Angebot und Nachfrage in der Wirtschaft, die Güte der Ware oder die Aktivität von Sonnenflecken, den Fluch oder Segen der Gentechnik – oft spielen mehr Dinge eine Rolle, als sich durch Beziehungen zweier Mengen wie $A = \{a, b, c\}$ und $B = \{1, 2\}$ erfassen lassen.

Eine planvolle Lösung besteht darin, eine Relation zwischen A und B auf weitere Mengen auszudehnen. Wie, das kann man anhand eines Beispiels wie $C = \{\alpha, \beta, \gamma, \delta\}$ zeigen. Die Elemente von C sind mit griechischen Kleinbuchstaben bezeichnet, weil die sich besser von den lateinischen Lettern und den Zahlen für die Konstanten der beiden anderen Mengen abheben.

Damit hat man ein Dreiecksverhältnis zwischen A, B und C. Wie Leser von Liebesromanen wissen, können daraus allerlei Verwicklungen unter Männern und Frauen entstehen. Um diese nachzuzeichnen, läßt sich eine Relation wie

$$Q = \{(2, \beta), (2, \gamma), (2, \delta)\} \subset B \times C$$

zwischen B und C heranziehen. Zudem sei auf den Bezug

$$R = \{(a, 1), (a, 2), (b, 1)\} \subset A \times B$$

aus Kapitel 8 zurückgegriffen. Um zu schauen, wie sich das im Dreieck auswirkt, bietet es sich an, die Relationen $R \subset A \times B$ und $Q \subset B \times C$ miteinander zu verknüpfen. Dazu dient eine Schachtelung, auch »Komposition« genannt:

$$R \circ Q.$$

Diese Komposition hat nichts mit Musik zu tun. Der Kringel ○ bedeutet soviel wie »Hintereinanderausführung von R nach Q« oder »zuerst Q, dann R«. Eine andere Schreibweise ist R(Q), gesprochen: »R von Q«. Sie läuft aber auf dasselbe hinaus. Gemeint ist die Zusammenstellung oder Anordnung

$$R \circ Q = \{(a, 1), (a, 2), (b, 1)\} \circ \{(2, \beta), (2, \gamma), (2, \delta)\}.$$

Um die Einzelheiten unter die Lupe zu nehmen, kann man sich die Mengen wieder als Einrichtungen wie Betriebe, Werke, Gesellschaften oder Firmen vorstellen. Dann läßt sich am obigen Ausdruck ablesen, daß der Mitarbeiter $a \in A$ mit den beiden Angehörigen $1, 2 \in B$ des Partnerunternehmens in Verbindung steht. Doch nur $2 \in B$ unterhält Kontakte zu den Angehörigen $\beta, \gamma, \delta \in C$ des Dritten im Bunde.

Offenbar spielen die rührigen Leute $a \in A$ und $2 \in B$ Schlüsselrollen. Über sie läuft die ganze Geschäftigkeit des

Verbunds. Dabei entstehen aus den geordneten Paaren beider Relationen Drillinge, auch »Tripel« genannt:

$$(a, 2) \circ (2, β) = (a, 2, β).$$

Der Angehörige a ∈ A steht in Kontakt mit 2 ∈ B, und dieser mit β ∈ C. Dadurch hängt auch Mitarbeiter a ∈ A mit β ∈ C zusammen. Auf dieselbe Weise gestalten sich die Beziehungen zu γ, δ ∈ C durch

$$(a, 2) \circ (2, γ) = (a, 2, γ)$$
$$(a, 2) \circ (2, δ) = (a, 2, δ).$$

Die Tripel sind die Elemente der Komposition und das Gerüst der Brücke von A über B zu C:

$$(a, 2, β), (a, 2, γ), (a, 2, δ) \in R \circ Q.$$

Die Schachtelungen stellen eine Teilmenge eines erweiterten kartesischen Produkts dar:

$$R \circ Q \subset (A \times B) \times C = A \times B \times C.$$

Damit lassen sich ebenso verwickelte Bereiche wie die vielfältigen Verflechtungen in Wirtschaft und Politik beschreiben, wo wechselseitige Beteiligungen und gegenseitige Abhängigkeiten wuchern. Dort herrschen Zustände, wie man sich gemeinhin den Dschungel vorstellt. Die Tripel verkörpern dabei die Schlinggewächse, auch darstellbar als

$$a \, R \, 2 \, Q \, β \text{ oder } Q(R(a)) = Q(2) = β.$$

Daran wird erkennbar, wie treffend die Bezeichnung »Schachtelung« ist. Darüber sollte man nicht vergessen, daß wegen $(a, 1) \in R$ auch Kontakte zwischen $a \in A$ und $1 \in B$ bestehen. Ebenso mischt sein Kollege $b \in A$ durch $(b, 1) \in R$ etwas mit. Darum könnte man sie ebenfalls zum Verbund zählen:

$$(a, 1), (b, 1) \in R(Q).$$

Sie bewirken schließlich auch etwas, selbst wenn ihre Beziehungen nicht bis zur Firma C hinüberreichen.

Wie im dreieckigen Liebesleben, so ist auch bei Unternehmen die Mitte eine Vorzugsstellung. Von B hängt ab, wie weit A und C miteinander ins Geschäft kommen. Doch wer die Wahl hat, hat auch die Qual. Damit ist es wie in der Liebe. Damit die Schachtelung $R(Q)$ gedeiht, ist B gehalten, die Quelle A und das Ziel C durch guten Kundendienst zufriedenzustellen. Andernfalls hätten die beiden die Möglichkeit, auch unmittelbar Kontakt aufzunehmen, etwa durch eine dritte Relation

$$P \subset A \times C$$

mit den geordneten Paaren

$$\{(b, \alpha), (b, \beta)\} = P.$$

Dadurch käme auch Mitarbeiter $b \in A$ zum Zug, und ebenso $\alpha \in C$, an denen sonst alle Betriebsamkeit vorbeigegangen wäre. Schaden könnte das kaum – Konkurrenz belebt bekanntlich das Geschäft.

So unentwirrbar mancher Filz auch scheinen mag, mittels Relationen und deren Schachtelungen läßt er sich auflösen. Das Zauberwort zum Durchdringen der Info-Flut lautet »Medienkompetenz«, auf deutsch »Sachverstand beim Sichten von Veröffentlichungen«. Der erste Schritt dazu ist getan, wenn man die Perlen aus dem Schotter siebt, wie in Kapitel 6 beschrieben. Danach machen Mehrfachbezüge es möglich, gezielt nach weiteren Zusammenhängen zu suchen. Es bringt mehr, sich zu einem begrenzten Sachverhalt planvoll schlau zu machen, als die Berieselung mit Stückwerk durch die Medien über sich ergehen zu lassen.

Alle Infos von Belang zu berücksichtigen ist ohnehin unmöglich. Besser, man hangelt sich mittels einer Relation $R \subset A \times B$ von A nach B, wie etwa vom behaupteten Zusammenhang zwischen Kohlendioxid und dem mutmaßlichen Anstieg der durchschnittlichen Temperaturen. Mit dem zweiten Bezug $Q \subset B \times C$ könnte man die Frage anschließen, von wem und in wessen Auftrag die Untersuchungen dazu stammen. Die Schachtelung dient dabei als roter Faden, mit dem man seinen Weg kennzeichnet, um sich nicht zu verirren.

Als nächstes eröffnet sich die Möglichkeit, die Kette der Kompositionen zu verlängern, etwa durch Hinzunahme einer weiteren Menge D. Damit läßt sich eine neue Beziehung, zum Beispiel $T \subset C \times D$, knüpfen, um der Frage nachzugehen, wem eine Verlautbarung nutzt. Das empfahlen schon römische Gelehrte vor der Zeitenwende: »Cui bono?«, wem kommt es zupaß? Das ließe sich mittels einer weitergehenden Schachtelung ergründen:

$$T \circ Q \circ R = T(Q(R)) \quad R \subset A \times B \times C \times D.$$

Die Frage nach dem Nutzen erweist sich als besonders ergiebig, wenn es um das Für und Wider einer Impfpflicht gegen den Erreger der Corona-Seuche geht. Sie führt fast unmittelbar zur Pharmaindustrie. Die hat wohl nie zuvor in so kurzer Zeit so viele Milliarden gescheffelt. Sodann wäre darauf zu schauen, wem in der Politik und der Medienwelt Spenden von dieser Seite zugeflossen sind.

Sogar noch vielfältigeren Kompositionen steht nichts im Wege. So sind Teilmengen von unbegrenzt mannigfachen Kreuzprodukten zulässig:

$$A \times B \times C \times D \times E \times F \times G \times \ldots$$

Zusätzlich kann etwa das Unternehmen B auch andere Brücken zu gänzlich neuen Firmen V und W schlagen, deren Kompositionen dann Untermengen eines Kreuzprodukts wären, wie

$$V \times B \times W.$$

Wie bei einfachen Relationen sind auch deren Schachtelungen nicht alle umkehrbar. Wo das aber geht, läßt sich auch ein Bogen von C aus über B nach A spannen, mittels der Umkehrkomposition

$$Q(R)^{-1} = R(Q).$$

Nicht zuletzt nutzen Datenkraken wie die Internetriesen Facebook, Google und vor allem Geheimdienste wie die amerikanischen CIA und NSA die geschilderte Technik. Dabei verkörpern die Mengen sogenannte Profile. Deren Elemente sind Eigenschaften des Nutzers wie Alter, Geschlecht, Beruf, Familienstand, Wohnort und ähnliches. Erfaßt werden zudem Vorlieben, Abneigungen, Kaufverhalten, Parteiennähe und noch manches andere mehr.

Diese Profile werden in Form von Relationen anderen Profilen gegenübergestellt. Das erlaubt Rückschlüsse auf seine Umgebung und Bekanntschaften sowie darauf, welche Rolle der einzelne in der Gesellschaft spielt.

Der abtrünnige Geheimdienstler Edward Snowden hat dies und weiteres enthüllt. Das Ziel ist der gläserne Bürger, über den Macher und Mächtige mehr wissen als seine Mutter. Im kommunistischen China scheint die Entwicklung am weitesten vorangeschritten zu sein. Aber auch die sogenannten westlichen Demokratien kommen dem langsam näher.

Eine Sonderrolle unter den Relationen spielt der Eigenbezug. Darunter versteht man eine Teilmenge des Kreuzprodukts einer Menge $A = \{a, b, c\}$ mit sich selbst, wie zum Beispiel

$$S \subset \{a, b, c\} \times \{a, b, c\} = A \times A,$$

etwa mit den geordneten Paaren

$$S = \{(a, c), (b, c)\}.$$

Man nennt dies auch eine innere Verknüpfung der Menge A = {a, b, c}. Stehen deren Elemente wiederum für Angehörige einer Firma, beschreiben Selbstrelationen die innere Organisation des Unternehmens. Dort werden sie als »Organigramm« bezeichnet. Sie erleichtern der Leitung eines Betriebs die Übersicht.

Schachtelungen von Selbstrelationen liegen den Zeichenketten zugrunde, mit denen man Wörter oder ganze Sätze bildet. Dazu dienen Kreuzprodukte von Buchstabenmengen wie {a,..., z}. Setzt man zur Vereinfachung

$$\{a,...,z\} \times \{a,...,z\} =: \{a,...,z\}^2,$$

so lassen sich mit Tupeln solcher Kreuzmengen schon kurze Wörter darstellen, wie

$$(a, n), (i, n), (z, u) \in \{a,...,z\}^2,$$

ferner

$$(auf), (vor) \in \{a,...,z\}^3 \text{ und } (klar) \in \{a,...,z\}^4.$$

Dabei sind die Kommata zwischen den Elementen der besseren Lesbarkeit halber ausgespart. Von da aus ist es nicht mehr weit bis zum einstigen

$$\{donaudampfschiffahrtskapitän\} \in \{a,...,z\}^{28}.$$

Seither hat auch die Bürokratie Fortschritte gemacht. Sie stellte den langatmigen Kapitän aus der guten alten Zeit mit folgendem Wortungetüm in den Schatten:

$$(\text{kindertagesstättenliedgutverwertungsschutzverordnung}) \in \{a, \ldots, z\}^{52}.$$

Wegweiser der Logik:
Schachtelungen, Komposition, Ketten,
geordnete Tripel, Selbstrelationen

Sinnzeichen:
$A \times B \times C \times \ldots$ Kette von Kreuzmengen
$R \circ Q$, auch $Q(R)$ Komposition von R und Q
$Q(R)^{-1} = R(Q)$ Umkehrkomposition
$S \subset A \times A$ Selbstrelation
$(a, 2, \beta) \in A \times B \times C$ Tripel, dreigliedriges Tupel
$a \, R \, 2 \, Q \, \beta$, $Q(R(a)) = Q(2) = \beta$ weitere Schreibweisen

Kapitel 11
Prägung

Seit Menschen Münzen prägen,
prägen Münzen Menschen.
Manfred Hinrich

Zeiterscheinungen wie Mode, Globalisierung, Digitalisierung, Gendern, Seuchen und Klimaschutz treiben die Menschen vor sich her. Selbst hartgesottene Einzelgänger können sich dem Sog der Lemmingläufe nur schwer entziehen. Insbesondere die Deutschen in der Mitte Europas sind seit je dem Wellenschlag der Geschichte von allen Seiten ausgesetzt. Solche Einflüsse prägen. Das heißt, sie hinterlassen sichtbare Spuren.

Eine größere Woge überschwemmt das Land der Dichter und Denker seit dem Ende des Zweiten Weltkriegs in Gestalt der Amerikanisierung. Die Siegermächte unter der Leitung der USA ersetzten den Führerstaat durch eine parlamentarische Demokratie nach angelsächsischem Vorbild. In der Folge übernahmen Deutsche amerikanische Sitten, Kleidung, Essen, Getränke, Jazz, Pop, Nietenhosen, Coca-Cola und Ketchup.

An die Stelle typisch deutscher Tugenden wie Einsatz für Volk, Vaterland und Heimat, Pflicht, Anstand, Gründlichkeit und Gesundheit rückten im Lauf der Zeit amerikanische Zielvorstellungen in den Vordergrund, wie Geld, Wohlstand, Luxus, Sex, Reisen und Drogen. Zugleich gelangten immer mehr englische Redensarten in den deutschen Sprachgebrauch.

Zum Geburtstag singt man hierzulande »Heppi börsdäi for juh« statt »Hoch soll er leben«, wie noch die Alten sungen. In manchen Großunternehmen der Wirtschaft und an etlichen Universitäten hat das Deutsche dem Englischen Platz machen müssen. Dort huldigt man dem Irrglauben, die weltweite Vereinheitlichung der Sprache unter der großen Käseglocke der USA wäre ein wünschenswerter Fortschritt. Dabei gibt es keine größere Unkultur als das Einebnen gewachsener Unterschiede. Derart prägende Einflüsse lassen sich durch gestalterhaltende Abbildungen planvoll beschreiben. »Gleichgestaltet« heißt fremdwörtlich »homomorph«. Darum nennt man diese Funktionen im wissenschaftlichen Kauderwelsch »Homomorphismen«. Wie so oft steckt hinter geschwollenen Tönen ein schlichter Sachverhalt.

Dazu kann eine Menge $A = \{a, b, c\}$ für Amerika stehen und ihre Elemente für drei bezeichnende Merkmale der amerikanischen Gesellschaft. Dann ist die Abbildung

$$h : A \to D$$

ein Homomorphismus, wenn sie den inneren Aufbau der Quelle oder Urmenge A auf das Ziel oder die Bildmenge $D = \{1, 2, 3\}$ für Deutschland überträgt. Die Buchstaben $a, b, c \in A$ sind hier in alphabetischer Reihenfolge aufgeführt. Als Elemente einer Menge gedeutet, ist ihre Anordnung jedoch beliebig. Deshalb kann man von der vorgegebenen Reihung abweichen und statt dessen

$$b < c < a$$

festlegen. Die linksvollständige und rechtseindeutige Relation

$$h = \{(a, 2), (b, 3), (c, 1)\} \subset A \times D$$

überträgt die »amerikanische« Werteskala auf $D = \{1, 2, 3\}$, mit dem Ergebnis

$$2 < 3 < 1.$$

Im einzelnen verläuft die Prägung nach der Vorschrift: Die Beziehung der Urbilder überträgt sich auf die Verhältnisse der Abbilder. In Formelsprache ausgedrückt:

$$h(b < c) = h(b) < h(c) = 3 < 1$$

bewirkt die Reihenfolge $b < c$ die Umordnung $3 < 1$, und

$$h(c < a) = h(c) < h(a) = 1 < 2$$

führt von $c < a$ auf die Umordnung $1 < 2$. Damit krempelt die Um- bzw. Unordnung hinter dem Atlantik die mitteleuropäischen Ansichten darüber, was wichtig und richtig ist, um:

$$(b < c < a) \to (2 < 3 < 1).$$

Diese Abbildung heißt »Ordnungs-Homomorphismus«, weil sie die innere Ordnung der Urmenge auf die Bildmenge überträgt. Die Gebrauchsanweisung dazu kann auch lauten: Die Abfolge der Urpunkte bestimmt die Anordnung der Bildpunkte.

Solche Umordnungen werden auch »Permutationen« genannt. Was in diesem Fall wie Spielerei anmutet, hat sich in geschichtlicher Zeit so oder ähnlich in größerem Umfang zugetragen – allerdings nicht durch willkürliche Abwandlung wie in dem Beispiel sondern zum Zweck sinnvoller Verallgemeinerung.

So sind alte Schriftzeichen meist in einer festen Reihenfolge überliefert, wie zum Beispiel das Los der germanischen Runen. Es wird nach den ersten sechs Runen fehu, uruz, thurisaz, ansuz, raido und kaunan »Futhark« genannt.

Seine Wurzeln reichen bis in die Steinzeit zurück. Der Gebrauch der Runen hat sich indessen bis heute in der deutschen Sprache niedergeschlagen. So kommt die Bezeichnung »Buchstabe« von den Buchenstäben, in deren glatte Rinde man die Runen ritzte. Das erklärt auch die ihnen eigene, eckige Gestalt.

Wegen der langen Vorgeschichte darf man annehmen, daß die natürlichen Zahlen 1, 2, 3, ... womöglich eine spätere Verallgemeinerung, eine Abstraktion, der Reihenfolge bei Schriftzeichen bilden. Insbesondere

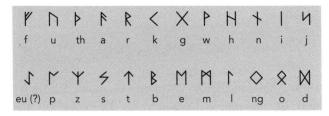

Das Futhark

wurden die arabischen Ziffern erst durch den Rechenmeister Adam Riese aus Staffelstein in Franken (1492–1559) zur Zeit der Entdeckung Amerikas in Deutschland eingeführt.

Ihre Werdung ging offenbar recht langsam und schrittweise voran. Die Ägypter nutzten noch Hieroglyphen als Ziffern, die bis zur Fünf durch die Finger einer Hand dargestellt wurden, bei den Römern immerhin noch bis zur Drei. Damit wären die Zahlen das Ergebnis eines Ordnungs-Homomorphismus von Schriftzeichen. Womöglich verlief die Entwicklung der Kulturgeschichte deshalb in dieser Richtung:

$$(a < b < c) \to (1 < 2 < 3).$$

Sollte es umgekehrt gewesen, das heißt, sollten die Zahlen zuerst erfunden worden sein, dann würde die Umkehrabbildung im gewählten Beispiel

$$h^{-1} : D \to A$$

die Angelegenheit beschreiben. Doch gleichviel, ob h oder h^{-1} vorangingen – gestalterhaltend sind beide, denn diese Abbildung ist umkehrbar eindeutig (bijektiv). Man nennt eine solche gestalterhaltenden Funktion »Isomorphismus«.

Die Richtung der Amerikanisierung ist indessen eindeutig. Neue Sitten kommen seit Jahrzehnten mit einer gewissen Verzögerung über den Atlantik. So wurden unlängst Formen des Protests gegen die Benachteiligung von US-Bürgern mit afrikanischen Wurzeln von deutschen Modegecken nachgeäfft. Dabei stellt diese Angelegenheit in Deutschland kein Problem dar – hier leben nur wenige Leute mit dieser Herkunft.

Abgesehen vom Aufspüren kultureller Einflüsse bieten gestalterhaltende Abbildungen vor allem praktische Vorteile. Wenn man einen Sachverhalt aufgeklärt oder einen Mechanismus erkundet hat, wie etwa die Funktionsweise eines Handys, erleichtert die Kenntnis den Zugang bei einem anderen, baugleichen oder ähnlichen Gerät. In dem Fall legt das Menü die Reihenfolge der Schritte fest.

Außer dem Ordnungs-Homomorphismus gibt es noch ganz andere gestalterhaltende Abbildungen: alle linksvollständigen und rechtseindeutigen Relationen, wie

$$h(c + a) = h(c) + h(a) = 1 + 2$$
$$h(C \cap A) = h(C) \cap h(A) = \mathfrak{P} \cap \mathfrak{Q},$$

wobei $\mathfrak{P}$ und $\mathfrak{Q}$ Mengensysteme wären, also solche, deren Elemente wiederum Mengen sind. Auf die Art der Verknüpfung, ob + oder ∩, kommt es nicht an. So kann man auch den vermuteten Zusammenhang zwischen Kohlendioxid in der Luft und Erwärmung als Homomorphismus deuten. Dabei stünde anstelle des Verknüpfungszeichens allerdings eine umfängliche Theorie, die eine Aufheizung erklärt.

Zweifler meinen hingegen, die Umkehrabbildung h^{-1} sei in diesem Fall ebenso zu erwägen. Andere Ungläubige streiten den Zusammenhang schlichtweg ab. Mit den Mitteln der Logik ausgedrückt: Sie verneinen das Bestehen einer gestalterhaltenden Abbildung.

Bei der Amerikanisierung ermöglicht es die Kehrfunktion, sich ein Bild von den Verhältnissen in den USA zu machen, ohne je in den Vereinigten Staaten gewesen zu sein. So vermittelt die Veränderung im Verhalten der Deutschen einen Eindruck davon, wie es hinter dem Atlantik zugeht. Dazu verhilft eine alte Lebenserfahrung: Wer darauf achtet, wie Kinder einer Familie ihm entgegentreten, erhält erste Anhaltspunkte, wie deren Eltern zu ihm stehen. Ihre Kinderstube können die wenigsten verleugnen.

Dieser umgekehrte Homomorphismus hat sich in einem bekannten Sprichwort niedergeschlagen: Sage, mit wem du umgehst, und ich sage dir, wer du bist. Die Logik hebt auch diese Zusammenhänge ins Bewußtsein und klärt den Blick dafür.

Um die Gleichheit der Gestalt von Mengen augenfälliger zu machen, kann man verschiedene Schreibweisen verwenden. So werden geordnete Mengen auch durch $(A, <)$ bzw. $(D, <)$ und Isomorphismen durch das Symbol $\cong$ gekennzeichnet. Damit ließe sich ein Ordnungs-Isomorphismus wie die Amerikanisierung knapp zusammenfassen zu

$$(A, <) \cong (D, <),$$

wenn man davon ausgeht, Deutschland habe umgekehrt auch die Amerikaner beeinflußt. Das ist nicht abwegig. So wird der preußische General Friedrich Wilhelm von Steuben immer noch dafür gefeiert, daß er den Unabhängigkeitskrieg für die Amerikaner gewonnen hat. Und der deutsche Ingenieur Wernher von Braun war es, der den USA zur Führerschaft in der Raumfahrt verhalf.

Die Prägung von Lebewesen und deren Gewohnheiten hat offenbar tiefe Wurzeln, wie die Wissenschaft ergründet hat. So entdeckte der Verhaltensforscher Konrad Lorenz, daß Gänseküken dauerhaft von dem ersten Geschöpf geprägt werden, das sie sehen, wenn sie aus dem Ei kriechen. Das ist für gewöhnlich die Gänsemutter. Für ein Gänsekind namens Martina wollte es das Schicksal anders: Sein erster Eindruck war Konrad Lorenz. Fortan folgte Martina ihm auf Schritt und Tritt. Der Forscher sah sich genötigt, für das Tier eine Schlafstelle neben seinem Bett einzurichten. Wenn es sich des Nachts vergewissern wollte, daß es nicht allein war, tönte es: »Wiwiwi«, wie der Biologe berichtete. Er antwortete bald schon im Halbschlaf mit dem Ruf der Muttergans: »Gangangang«, um das Küken zu beruhigen, so gut es ging.

Auch menschliche Kleinkinder zeigen eine bleibende Prägung durch die erste Bezugsperson. Wenn die Mutter oder der Vater längere Zeit aus dem Haus sind, fremdeln Säuglinge mit ihren eigenen Eltern. Fremdgeprägte Politiker wie Minister Robert Habeck fremdeln mit ihrem eigenen Volkstum. Von dem grünen Politiker wurden Aussprüche bekannt wie: »Ich wußte mit Deutschland nichts anzufangen und weiß es bis heute nicht.« Oder: »Patriotismus, Vaterlandsliebe also, fand ich stets zum Kotzen.«

Offenbar wurde Habeck auf abwegige Weise geprägt. Urheber waren wahrscheinlich die sogenannten Achtundsechziger. So bezeichnet man die Leute, die bei den Studentenunruhen im Jahr 1968 eine maßgebliche

Rolle gespielt hatten. Beim Abflauen des Aufruhrs verabredeten sich die Rädelsführer zum »Marsch durch die Institutionen«. Damit meinten sie ihre Absicht, Land und Leute, insbesondere die Jugend, im Sinn einer linksgrünen Ideologie zu beeinflussen.

Der prägende Einfluß der Sprache auf die Gedanken ist unter »Medienschaffenden« wie Journalisten, aber auch bei Politikern und sonstigen Meinungsführern oder Leuten, die sich dafür halten, unstrittig und wird nach Kräften genutzt. So haben sendungsbewußte selbsternannte Volkserzieher eine regelrechte Hexenjagd auf mutmaßliche Unworte wie »Neger« oder »Mohr« entfesselt. Deren Gebrauch zeugt angeblich von Mißachtung dunkelhäutiger Afrikaner. Ein Verbot der Ausdrücke soll die Gesinnung mutmaßlicher Rassisten verändern.

Ebenso dient das »Gendern« angeblich dazu, Benachteiligungen von Frauen entgegenzuwirken. Verwaltungsbehörden und Universitäten haben Vorschriften erlassen, daß nur noch von geschlechtslosen »Studierenden« und »Forschenden« die Rede zu sein habe. Sprecher im Fernsehen machen kurze Genderpausen, »gesprochenes Gendersternchen« oder »Glottisschlag« genannt, etwa bei »Bäcker*innen«.

Zuwanderer, die seit 2015 verstärkt ins Land strömen, heißen bei den Medien »Geflüchtete«, »Fachkräfte«, »Bereicherung« oder gar »Goldstücke«. Die große Mehrheit der Fremdlinge sind indessen Wirtschaftsmigranten, die in Deutschland ein besseres Leben suchen oder nur die für sie kostenlosen Sozialleistungen wahrnehmen wollen. Eine »Willkommenskultur« wird veranstaltet, um Einheimische auf Toleranz gegenüber Überfremdung und Islamisierung einzustimmen.

Wer sich zu den Schattenseiten der Zuwanderung äußert, sieht sich umgehend als »Fremdenfeind« und »Rassist« verunglimpft. Es wurden schon Angestellte aus diesem Grund entlassen. Bei einer Umfrage bekundeten etwa 70 von 100 Deutschen, daß man mit Äußerungen in Sachen Migration vorsichtig sein muß. Eine freie Aussprache darüber sei kaum noch möglich.

Der Philosoph Peter Sloterdijk faßte diese Art der Prägung so zusammen: »Wir haben uns – unter dem Deckmantel der Redefreiheit und der unbehinderten Meinungsäußerung – in einem System der Unterwürfigkeit, besser gesagt der organisierten sprachlichen und gedanklichen Feigheit eingerichtet, das praktisch das ganze soziale Feld von oben bis unten paralysiert.«

Wegweiser der Logik:
Gestalterhaltende Abbildung,
Homomorphismus, Prägung, Ordnungs-
Homomorphismus, Isomorphismus,
Umordnung, Permutation

Sinnzeichen:
$h\,(b < c) = h\,(b) < h\,(c)$ Homomorphie
$(a < b < c) \rightarrow (b < c < a)$ Umordnung
$(b < c < a) \rightarrow (3 < 1 < 2)$ Prägung
$(A, <), (D, <)$ geordnete Mengen
$\cong$ isomorph

VIERTER TEIL

ANWENDUNGEN

Anhand einiger der wichtigsten Fälle wird gezeigt, wie weit Denkgesetze greifen können. Dazu gehören die gängigsten Arten zu entscheiden, was aufgrund mehrerer Vorgaben falsch oder richtig ist. Begriffe wie »Zeit« und »Raum«, um die Philosophen blumige Theorien ranken, werden auf Eigenschaften des Wahrnehmungsfilters zurückgeführt.

Erläutert wird zudem, was hinter einer der scheinbar selbstverständlichsten Angelegenheiten steckt, nämlich einem Bild. Den Abschluß bildet eine Gattung folgerichtiger Schlüsse, die sich dem Zugriff des Verstands am weitesten entziehen: die Wahrscheinlichkeit. Das Spiel des Zufalls macht von der Dualität der Logik den größtmöglichen Gebrauch.

Kapitel 12
Entscheidungen

Zu mancher richtigen Entscheidung
kam es nur, weil der Weg
zur falschen gerade nicht frei war.
Hans Krailsheimer

Herkömmliches Verständnis von freier Entscheidung war einmal gewissenhaftes Abwägen des Für und Wider. Danach sollte die Summe der Gründe und der Einwände den Ausschlag geben. Beispielhaft für bedachtsames Vorgehen stand die weibliche Figur mit einer Handwaage und verbundenen Augen als Sinnbild unparteiischer Gerichtsbarkeit. Ohne Ansehen der Person, allein durch Gewichtung von Beweisen hätte sie zu urteilen und danach das Schwert in ihrer Rechten zu führen.

In der Wirklichkeit von heute fragt der Richter oft nur noch seinen Computer. Er urteilt danach, wie Kollegen anderwärts oder übergeordnete Instanzen entschieden

Wappen von Oberweißbach/
Thüringer Wald

haben. Das kann auch eine Maschine. Sie wägt nicht ab, sondern befindet gefühllos aufgrund von Vorgaben. Entweder die sind erfüllt oder nicht. Besonderheiten in Einzelfällen sind dabei nicht vorgesehen. Alleiniger Maßstab für Gerichte wurden Regeln, oder »Normen«, wie die Juristen sagen. So urteilt auch eine künstliche Intelligenz in allen anderen Fragen.

Die Logik, die dahintersteckt, tritt bei der einfachen Schlußfolgerung zutage, die von einer einzigen Voraussetzung abhängt. Dreht es sich zum Beispiel um den Klimawandel, so lautet ein Ausgangspunkt der Auseinandersetzungen: Die durchschnittlichen Temperaturen auf der Erde steigen an. Daraus schließen die Klimaschützer, die Zunahme an Kohlendioxid in der Luft sei die Ursache. Beides wird von anderer Seite bestritten.

Angenommen, niemand hat die Wahrheit für sich allein gepachtet. Dann könnte die Voraussetzung wie auch der Schluß falsch oder richtig sein. Dabei können vier verschiedene Fälle auftreten:

Fall 1: Temperaturen steigen nicht,
Kohlendioxid spielt keine Rolle.
Fall 2: Temperaturen steigen nicht,
Kohlendioxid heizt an.
Fall 3: Temperaturen steigen,
Kohlendioxid spielt keine Rolle.
Fall 4: Temperaturen steigen,
Kohlendioxid heizt an.

Die ersten drei Fälle geben Standpunkte von Gegnern des Klimaschutzes wieder. Unter Nummer 1 finden sich die entschiedensten Gegner, die das Ganze für Stimmungsmache halten. Fall 2 ist nicht schlüssig: Wenn die Temperaturen nicht steigen, läßt sich daraus kein Heizwert von Spurengasen folgern. In Fall 3 wird der Zusammenhang zwischen Erwärmung und Kohlendioxid bestritten. Fall 4 entspricht den Ansichten der Klimakämpfer.

Die Angelegenheit läßt sich mit zwei Veränderlichen v, s $\in \{0, 1\}$ der Leibnizschen Zweiermenge zusammenfassen. Das v stehe für die Voraussetzung oder Annahme und s für den Schluß oder die Folgerung. Die Variablen seien als Wahrheitswerte falsch oder richtig gedeutet. Dann gibt eine Relation

$$k \subset \{0, 1\} \times \{0, 1\}$$

den Streit um die Klimafrage wieder, wenn die Beziehung alle vier Möglichkeiten erfaßt:

$$(0, 0), (0, 1), (1, 0), (1, 1) \in k$$

und die Ziffern als Wahrheitswerte aufgefaßt werden, gemäß den Zuordnungen

$$0 \mapsto \text{falsch} \quad \text{und} \quad 1 \mapsto \text{richtig}.$$

So durchsichtig die Sache auch sein mag, so oft wird sie mißachtet. Der bayerische Ministerpräsident Markus Söder erklärte Anfang Dezember 2021 im ZDF, die Zahl der Corona-Fälle sei zum Glück rückläufig. Dennoch begrüße er es, wenn Bund und Länder ihre

Gegenmaßnahmen verschärfen. Bei einem Rückgang der Seuche wären eher Lockerungen zu erwarten gewesen. Das entspricht Fall 2 im Klima-Beispiel.

In der Praxis des Alltags hängen Entscheidungen oft von mehr als einer Voraussetzung ab. Dazu kann man einen Temperaturanstieg und eine Heizwirkung der Spurengase als Vorgaben deuten, die unabhängig voneinander zutreffen oder nicht, wie in Fall 3. Ferner braucht es für die Schlußfolgerung eine neue Veränderliche e ∈ {falsch, richtig}. Dann gibt eine Mehrfachrelation den Standpunkt der Klimakämpfer wieder:

$$\wedge = \{[\,(0,0), \text{falsch}], [\,(0,1), \text{falsch}],$$
$$[\,(1,0), \text{falsch}], [\,(1,1), \text{richtig}]\}.$$

Sie halten beide Bedingungen für gegeben. Diese Menge der vier Tripel bezeichnet die Logik als »UND-Relation«. Das Sinnzeichen ∧ steht für ein logisches »und«. Nur wenn beide Vorgaben zutreffen, ist die Entscheidung richtig, sonst immer falsch.

Allerdings sagt die Beziehung noch nichts darüber aus, von welcher Seite der Einfluß ausgeht. Es bleibt zunächst auch die Möglichkeit bestehen, daß eine Erwärmung die Zunahme von Kohlendioxid in der Luft bewirkt. In die Folgerung geht nur ein, ob die Voraussetzungen erfüllt sind oder nicht.

Zudem gilt die Relation unabhängig davon, welchen Inhalt die Vorgaben aufweisen. Sie bewertet alle denkbaren Bedingungen. Auch die Anforderungen an eine Menge, Verschiedenheit der Elemente im Innern und

Gemeinsamkeit nach außen, werden entsprechend beurteilt. Nur wenn beide Merkmale zutreffen, liegt eine sinnvolle Menge vor.

Elektroniker bezeichnen Entscheidungen über zwei Voraussetzungen wie die UND-Beziehung als »Gatter«. Damit fällt die künstliche Intelligenz ihre Urteile. Man kann darin auch eine sehr vereinfachte Nachbildung eines Wahrnehmungsfilters sehen, wie er eingangs beschrieben wurde, oder besser als einen Teil davon.

Das Gegenstück dazu stellt die ODER-Relation dar. Sie führt zu drei richtigen Folgerungen und einer einzigen falschen. Sie verwirft nur den Fall, bei dem keine Voraussetzung zutrifft:

$$V = \{[\,(0,0), \text{falsch}], [\,(0,1), \text{richtig}],$$
$$[\,(1,0), \text{richtig}], [\,(1,1), \text{richtig}]\}.$$

Deren Sinnzeichen ist V, es stellt das Symbol für UND auf den Kopf. Das paßt irgendwie ganz gut zu den beiden Formen der Entscheidung.

Eine Anwendung findet der ODER-Schluß zum Beispiel bei Arbeitgebern, die dem Zeitgeist huldigen. In deren Stellenausschreibungen heißt es mitunter:

UND- bzw. AND-Gatter nach DIN 40700. Die Großbuchstaben A und B kennzeichnen Eingangssignale für zwei Bedingungen, intern dargestellt durch die Spannungspegel »hoch« oder »nieder«. Der Ausgang Y steht für das Ergebnis, je nachdem welche Werte die Eingangssignale annehmen.

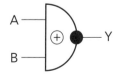

»Bei gleicher Qualifikation erhalten Behinderte und Frauen den Vorzug.« Hier genügt also eine der beiden Anforderungen. Allerdings hätte demnach eine behinderte Frau die besten Aussichten, weil sie beide Bedingungen erfüllt.

Freilich ist die geforderte gleiche Qualifikation ein Hirngespinst. Menschliche Begabungen sind viel zu unterschiedlich. Jeder kann bestimmte Dinge besonders gut. Dafür liegen ihm andere nicht so sehr. Vor allem soll ein Bewerber fachliche Voraussetzungen mitbringen. Zudem verstößt es gegen das Grundgesetz, gesunde Männer zu benachteiligen, indem man sie hintanstellt.

Daß ausgerechnet die wohl leistungsfähigste dieser drei Personengruppen zurückgesetzt wird, erklärt so manchen Mißstand im Land. Kein Wunder, wenn es an immer mehr Ecken und Enden fehlt und hapert. Eine Gesellschaft, die sachliche Erwägungen der politischen Korrektheit unterordnet, hat keine Zukunft. Sie befindet sich im Abstieg.

Technisch werden V-Entscheidungen durch ODER-Gatter ausgeführt. Dazu dienen zwei Transistoren. Der

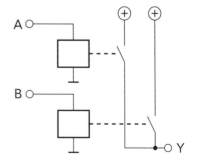

Schaltplan eines ODER- bzw. OR-Gatters. Er zeigt zwei parallel geschaltete Transistoren. Der Ausgang Y wird auf »+« gestellt, wenn an einem der beiden Eingänge A oder B dieser Spannungspegel vorliegt.

Ausgang dieses Filters ist nachfolgend mit Y gekennzeichnet. Er wird auf »hoch« gestellt, wenn an einem der beiden Eingänge A oder B dieser Spannungspegel vorliegt.

Diese ODER-Entscheidung folgt dem Sprachgebrauch jedoch nur teilweise. Es gibt auch die alternative Anforderung »entweder – oder«. Sie ist richtig, wenn nur eine der beiden Bedingung zutrifft. Wenn keine Voraussetzung erfüllt ist oder beide, lautet ihr Urteil »falsch«:

$$\nLeftrightarrow = \{[\ (0,0), \text{falsch}], [\ (0,1), \text{richtig}], \\ [\ (1,0), \text{richtig}], [\ (1,1), \text{falsch}]\}.$$

Der durchgestrichene Doppelpfeil $\nLeftrightarrow$ versinnbildlicht die geforderte Ungleichheit der Vorgaben. Gelegentlich findet sich dafür auch das Symbol ≠, wie für unterschiedliche Zahlen oder Veränderliche. Informatiker bezeichnen die entsprechende technische Vorrichtung als »XOR-Gatter«, vom englischen Wort »or« für »oder«. Das x, englisch »ex« gesprochen, steht für »exclusive«, »ausschließlich«.

Diese Relation führt zu folgerichtigen Schlüssen, wenn es sich bei den Vorgaben um Bedingungen handelt, die sich gegenseitig ausschließen. Zu solchen Fällen gehören insbesondere die Orientierungen unvereinbarer Gegensätze wie links und rechts, Drehsinn und Gegensinn, Nord- und Südpol, Veränderliche und Festgrößen.

Die Entscheidung durch das XOR-Gatter heißt auch »Antivalenz«, weil sie das Gegenteil zur Äquivalenzrelation bildet. »Äquivalenz« heißt soviel wie »Gleichbedeutung«. Gemeint ist eine Übereinstimmung beider Voraussetzungen.

$$\Leftrightarrow = \{[\,(0,0),1\,],[\,(0,1),0\,],[\,(1,0),0\,],[\,(1,1),1\,]\}.$$

Das Sinnzeichen – der zweiseitige Doppelpfeil $\Leftrightarrow$, für »gleichbedeutend oder« – zeigt das Gegenteil zum XOR-Gatter an, bei dem er durchgestrichen war. Treffen beide Vorgaben zu, fällt die Entscheidung »richtig«. Allerdings gilt das auch, wenn beide nicht erfüllt sind. Sind sie unterschiedlich, dann lautet das Urteil »falsch«. Die Komplemente einer Menge zum Beispiel sind in diesem Sinn äquivalent.

Eine Sonderrolle spielt die NICHT-Entscheidung. Sie ist eine einfache Relation der Leibnizschen Zweiermenge:

$$\neg = \{(0,1),(1,0)\} \subset \{0,1\} \times \{0,1\}.$$

Sie kehrt die Wahrheitswerte jeder anderen Relation um, indem sie »falsch« zu »richtig« macht und »richtig« zu »falsch«. Das Sinnzeichen $\neg$ ist der bereits erwähnte Negator. So wird aus der Äquivalenzrelation wieder die Antivalenz und umgekehrt:

$$\neg\,(\Leftrightarrow) = \not\Leftrightarrow \quad \text{und} \quad \neg\,(\not\Leftrightarrow) = \Leftrightarrow.$$

Durch Verneinen der ODER-Relation erhält man das NICHT-ODER-Gatter oder NOR-Gatter, so geheißen nach dem englischen »not or«:

¬ (∨) = [(0, 0), wahr], [(0, 1), falsch],
[(1, 0), falsch], [(1, 1), falsch].

Eine solche Entscheidung wäre angebracht, wenn es sich bei beiden Vorgaben um Hinderungsgründe handelt. Sie ist darum nur richtig, wenn keine im Weg steht. Was hierbei zum Tragen kommt, ist der schon geschilderte Unterschied zwischen Widerspruch und Verneinung.

Insgesamt gibt es 16 verschiedene Relationen, die alle zu unterschiedlichen Schlüssen führen. Genutzt werden in der Praxis meist nur 7, weil sich die übrigen durch Verkettungen und Verneinungen zusammensetzen lassen. Die glorreichen Sieben sind

∧	↦	AND
∨	↦	OR
≠	↦	XOR
¬	↦	NOT
¬ (∧)	↦	NAND
¬ (∨)	↦	NOR
¬ (≠)	↦	XNOR.

Wenn eine Schlußfolgerung von drei Vorgaben abhängt, wird zunächst über zwei entschieden und das Ergebnis zusammen mit der dritten Bedingung durch ein weiteres Gatter geleitet. Logisch geschieht das durch Hintereinander-Ausführungen zweier Relationen, die zu einem Mehrfachbezug der Art wie im Fall R ∘ Q verknüpft sind (siehe Abbildung nächste Seite).

Ein Fall für diese Schachtelung von Relationen erweitert das Klima-Beispiel. Eine dritte Bedingung könnte daran geknüpft sein, daß die Wirkung vom Kohlendioxid ausgeht, wenn sich die Erde erwärmt. Das würde den Standpunkt der Klimakämpfer genauer wiedergeben. Tatsächlich setzen sie noch eine vierte Voraussetzung, nämlich daß die menschliche Zivilisation vermehrtes Kohlendioxid in der Luft verursacht.

Sind vier Bedingungen a, b, c und d zu berücksichtigen, gehen je zwei paarweise durch je ein Vorgatter. Ein drittes gleicht anschließend deren Ergebnisse ab (siehe Abbildung nächste Seite).

Der Standpunkt der Klimabewegten setzt also mindestens vier Bedingungen voraus. Doch das sind noch lange nicht alle. Die Aussage über die weltweite Erwärmung beruht nicht auf einer Messung, wie man meinen könnte, sondern auf einer fragwürdigen Durchschnittstemperatur für die ganze Erde. Die Meteorologie unterscheidet jedoch mehrere Klimazonen, von den heißen Tropen bis zu den eisigen Polargebieten. Zwischen ihnen ist fortwährender Wärmeaustausch im Gange. Zudem herrscht auf der Südhalbkugel Winter, wenn im Norden Sommer ist.

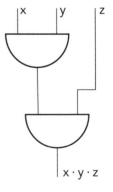

Die Skizze verdeutlicht den auf Seite 181 unten beschriebenen Vorgang: Zunächst entscheidet ein Gatter über zwei Bedingungen, hier mit x und y bezeichnet. Der Ausgangswert bildet dann zusammen mit der dritten Vorgabe z die Eingangswerte eines weiteren Gatters.

In dieser Angelegenheit scheint wie so oft eine Gesinnung statt der Sinn zu überwiegen, wobei die Logik zurücktreten muß. Dann werden die mutmaßlichen Voraussetzungen passend nachgeschoben, statt daß von ihnen ausgegangen wird. Die Erfahrung lehrt: Wer etwas Bestimmtes will, wird auch Gründe dafür finden.

So schrieb die *Frankfurter Allgemeine Sonntagszeitung* zur Immunität von Volksvertretern: »Ohne sie könnten Staatsanwälte unliebsame Abgeordnete einfach verhaften. Eine Begründung würde sich schon finden. Wer meint, daß kein Ermittler in Deutschland so korrupt wäre, vergißt leider, daß Gelegenheit Diebe macht. Irgendwann würde der erste Staatsanwalt seine Macht testen, dann gäbe es Nachahmer.«

Deshalb sind Fehlurteile der Justiz wahrscheinlich häufiger als sachgemäß entschiedene Fälle. Sie können nicht nur bei der Frage »Schuldig oder nicht schuldig?« auftreten. Auch beim Strafmaß oder dem Ausgang von Zivilprozessen geht es mitunter mehr um die Berufsaussichten des Staatsanwalts oder des Richters. Zudem bleibt zu berücksichtigen, daß überlastete

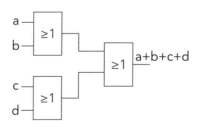

Bei vier Vorgaben, hier a, b, c und d genannt, bilden die Ausgangswerte der Erstgatter die Eingangswerte eines Zweitgatters.

Gerichte oft auf unvertretbar spärlicher Grundlage zu entscheiden haben.

Man kann das beklagen. Aber man kann auch versuchen, die Zustände durch folgerichtiges Schließen zu verbessern.

Dazu sei noch ein bemerkenswerter Zusammenhang zwischen der Antivalenzrelation und der Addition der Leibnizschen Zweierzahlen erwähnt. Verbindet man die Elemente der Tripel durch die Rechenzeichen + und = statt durch das Symbol ⇎, zeigt sich eine verblüffende Übereinstimmung zwischen Antivalenz und Addition im Zweierverfahren:

$$\not\Leftrightarrow = \{[\,(0,0),0\,],[\,(0,1),1\,],[\,(1,0),1\,],[\,(1,1),0\,]\}$$
$$+ = \{[\,(0+0=0)\,],[\,(0+1=1)\,],[\,(1+0=1)\,],[\,(1+1=0)\,]\}.$$

Hier liegt ein Isomorphismus zwischen einer logischen Schlußweise und einer Grundrechenart vor, wie er im Kapitel über Prägungen behandelt wurde. Die Multiplikation ist wiederum isomorph zur UND-Relation:

$$\cdot = \{[\,(0\cdot 0=0)\,],[\,(0\cdot 1=0)\,],[\,(1\cdot 0=0)\,],[\,(1\cdot 1=1)\,]\}$$
$$\wedge = \{[\,(0,0),0\,],[\,(0,1),0\,],[\,(1,0),0\,],[\,(1,1),1\,]\}.$$

In diesen Fällen gingen die Grundrechenarten voran. Daraus hat die Mathematik auf die logischen Zusammenhänge geschlossen, die dahinterstehen.

Wegweiser der Logik:
Äquivalenzrelation, Gatter, Aussagenlogik,
UND-Relation, ODER-Relation,
NICHT-Gatter

Sinnzeichen:
⇔ Äquivalenz
⇎ Antivalenz
∧ UND-Relation
∨ ODER-Relation
¬ (∧) NICHT-UND, NAND
¬ (∨) NICHT-ODER, NOR

Kapitel 13
Kreisläufe

*Einszweidrei, im Sauseschritt
Läuft die Zeit; wir laufen mit. –*
Wilhelm Busch

Zeitreisen gehören zu den beliebten Stoffen von Zukunftsromanen. Gelangt ein Fahrensmann dabei in die Vergangenheit und verursacht den Tod seines Großvaters, bevor der seinen Vater zeugen konnte, dürfte es ihn gar nicht geben. Deshalb könnte er dem alten Herrn auch nichts angetan haben.

Dieses Verwirrspiel wird Großvaterparadoxon genannt. Es erinnert an die immer falsche Aussage des Kreters Epimenides über seine angeblich verlogenen Landsleute. Es kann nicht stimmen, wie auch immer man es dreht und wendet.

Logische Zusammenhänge erfordern eine klare Reihenfolge: Erst die Voraussetzung und dann die Folgerung. Das gilt erst recht, wenn es wie hier sogar um Ursache und Wirkung geht. Doch beim Großvaterparadoxon besteht die Wirkung darin, die Ursache zu beseitigen. Krauser kann es kaum noch werden.

Im Gegensatz zu derart widersprüchlichen Zirkelschlüssen halten Kreisläufe in Natur und Technik eine unumkehrbare Reihenfolge von Ereignissen ein. So kennt der Stundenzeiger einzig seinen Uhrzeigersinn. Im Verlauf eines Tags und einer Nacht umrundet er unbeirrbar zweimal das Zifferblatt, sofern Besserwisser ihn nicht gerade willkürlich verstellen, wie das die EU so gern macht.

Unterdessen dreht sich die Erde einmal um sich selbst. Wie weit sie damit jeweils gekommen ist, zeigt die Uhr an. Dabei werden mithin zwei Kreisläufe verglichen. Als Zeit gilt der langsamere Vorgang, der mit dem schnelleren gemessen wird. Grundsätzlich wären beide gleichberechtigt. Nur durch Deutung werden sie unterschieden. Folglich ist Zeit auch nur eine Sichtweise, eine Art der Wahrnehmung, ein Denkgesetz. Sie dient zur Orientierung, wie der Drehsinn, den man Rädern zuordnet.

Wie in den meisten Lebenslagen bieten sich auch hier mindestens zwei Richtungen, unter denen man sie betrachten kann. Eine geht von einer gegebenen Dauer der Erddrehung aus und unterteilt sie in kleinere Abschnitte wie die Stunden.

Unterteilung: Tag/Nacht → Stunden 1/24.

Das ist in geschichtlicher Zeit wohl so oder ähnlich gewesen. Heute steht die Nutzanwendung im Vordergrund, wobei durch Abzählen der Stunden der Anteil des Tags gemessen wird, der verstrichen ist:

Messung: Tag/Nacht ← Anteil/24.

Beim Kommen und Gehen der Jahreszeiten verhält es sich ähnlich. Wo die Uhr die vergangenen Stunden anzeigt, markiert der Kalender, wie viele Monate oder Tage verstrichen sind. Auch in diesem Fall eröffnen sich die beiden Sichtweisen Unterteilung und Messung:

Unterteilung: Jahr → Monate 1/12
Messung: Jahr ← Anteil/12.

Wenn man es genauer wissen will, zählt man die Tage:

Unterteilung: Jahr → Tage 1/365
Messung: Jahr ← Anteil/365.

Dabei hat man wiederum einmal den Maßstab im Auge, mit dem die Zeit zu messen ist. Beim anderen richtet sich die Aufmerksamkeit darauf, wieviel vom Vergleichsvorgang vorbei ist.

Die Erduhr, wie man den Kalender nennen könnte, geht indessen etwas nach. Wenn sie das Ende der 365sten Umdrehung anzeigt, braucht die Erde fast noch sechs Stunden, um ihre Runde um die Sonne zu vollenden. Die Unterteilung ist in dem Fall zu ungenau. Das macht in vier Jahren beinahe einen Tag und eine Nacht aus. Zum Ausgleich dienen die Schaltjahre.

Genauer ausgedrückt beträgt die Dauer des Jahres 365,2420 Sonnentage. Der Überhang hinter dem Komma entspricht 5 Stunden, 48 Minuten und 29 Sekunden. Damit fehlen 11 Minuten und 31 Sekunden an einer Vierteldrehung der Erde, wie die Schaltjahre sie berücksichtigen. Also würde die Erduhr nach etlichen Schaltungen auf Dauer etwas vorgehen. Deshalb muß etwa alle hundert Jahre eine Schaltung ausfallen.

Trotzdem bleibt immer noch ein Rest Ungenauigkeit. Deshalb hat die Wissenschaft eine Sekunde geschaffen, die von der Unterteilung der Stunden und Minuten unabhängig ist. Zuletzt wurde ihre Dauer 2019 auf »das

9 192 631 770fache der Periodendauer der Strahlung«, festgelegt, »die dem Übergang zwischen den beiden Hyperfeinstrukturniveaus des Grundzustandes von Atomen des Nuklids ^{133}Cs [Cäsium] entspricht«. So heißt es amtlicherseits, was auch immer das im einzelnen bedeuten mag. Damit setzte man an die Stelle von Vergleichskreisläufen aus der Astronomie einen Vorgang in der Atomphysik. Die neue Einheit erlaubt es offenbar, die Länge eines Jahres bis auf einen winzigen, unausrottbaren Bruchteil einer Sekunde genau anzugeben.

Diese Notwendigkeit ergab sich unter anderem, als man das GPS eingerichtet hat, das Global Positioning System, auf deutsch »Globales Positionsbestimmungssystem«. Dazu dient ein Verbund von 24 Satelliten, die den Globus in 20 200 Kilometern Höhe auf nahezu kreisförmigen Bahnen umrunden.

Aber nur etwa zehn von ihnen sind von einem Bezugspunkt am Boden gleichzeitig in Sicht, weil sich die übrigen rund um den Globus verteilen. Darum stehen alle miteinander in Verbindung, damit das Ortungsverfahren stets und überall funktioniert. Da aber jedes und jeder in Bewegung ist, muß die Laufzeit der Funksignale berücksichtigt werden, die für den Austausch der Satelliten untereinander und mit den Stellen am Boden anfällt. Für die Abstimmung sind auch die Satelliten mit den neusten Atomuhren ausgestattet.

Elektromagnetische Wellen breiten sich zwar mit Lichtgeschwindigkeit aus, das sind rund 300 000 Kilometer in der Sekunde. Dennoch treten beim Zeitvergleich Abweichungen im Bereich von Millionstel einer Sekunde auf. Das erscheint lachhaft wenig. Aber nur wenn man sie berücksichtigt, läßt sich jeder Ort am Boden auf zehn Meter genau bestimmen.

Dabei ergibt sich ein geringer, aber merklicher Unterschied zwischen der gemessenen Zeit am Boden und der Zeit, die von Bord der Satelliten übermittelt wird. Die Differenz erklärt man mit der allgemeinen Relativitätstheorie des Physikers Albert Einstein (1879–1955). Dieser zufolge vergeht Zeit unter Einwirkung von Schwerkraft langsamer als in großer Höhe, wo die Kraft der Erdanziehung allmählich abnimmt.

Die Behauptung geht nicht etwa dahin, daß der Gang der Uhren aufgrund technisch-physikalischer Einflüsse gehemmt wird, sondern daß die Zeit als solche langsamer vergeht. Damit wird eine Sichtweise menschlicher Wahrnehmung als schicksalhafte Macht gedeutet, die unabhängig vom Betrachter waltet. Offenbar ist die neuzeitliche Physik immer noch nicht frei von mystischen Denkweisen des Mittelalters, als man magischen Kräften unwägbare Einflüsse zuschrieb.

Damit wäre man wieder bei der Science-fiction. Von den Einsteinschen Lehren zehren unzählige Geschichten und Filme. Dabei treten Leute auf, die in die Nähe eines Schwarzen Lochs geraten sind, eines astronomischen Gebildes von größtmöglicher Schwerkraft. Bei ihrer Rückkehr finden sie Greise vor, die sie bei ihrem Abflug noch als junge Männer erlebt haben. Sie selbst waren unterdessen nur einige Wochen oder Monate gealtert.

Hohe Militärs in den USA hielten dergleichen für »Einstein-Quatsch« und forderten, die Vorrichtung für den Zeitausgleich beim GPS abzuschalten. Die Generäle irrten. Die genaue Ortsbestimmung funktionierte nicht mehr. Aber auch Einstein lag wahrscheinlich schief mit seiner Auffassung von einer dehnbaren Zeit.

Ursache ist offenbar der Satz von der Konstanz der Lichtgeschwindigkeit. Er besagt, daß sich elektromagnetische Wellen im Weltraum stets mit gleichbleibendem Tempo ausbreiten. Die Behauptung stammt noch aus der Zeit vor der Vereinbarung der neuen, genaueren Sekunde.

Doch auch in Glas oder in Metallen pflanzen sich solche Impulse deutlich langsamer fort. Die Technik erklärt die Hemmung mit dem elektrischen Widerstand. Von dem weiß man seit Georg Simon Ohm (1789–1854), einem Physiker, der die Grundsteine der Lehre gelegt hat. Doch auch im Vakuum ist der elektrische Widerstand ungleich Null und mancherorts verschieden.

Ohms Kollege Max Planck (1858–1947) fand zudem heraus, daß elektromagnetische Signale gequantelt sind. Das bedeutet, die Wellen eines Senders bilden keinen durchgehenden Vorgang, sondern eine Abfolge kleinster Einheiten, die man Quanten nennt. So winzig diese Teilchen auch sind, besitzen sie doch eine geringe Masse. Deshalb können die Funkzeichen der GPS-Satelliten durch die Anziehungskraft der Erde beschleunigt werden und verfrüht eintreffen. Das würde den Eindruck erklären, daß ihre Borduhren schneller gehen.

Auch innerhalb der Physik werden Einsteins Lehren für überholt gehalten. Allerdings gilt dort Widerspruch immer noch als Tabu. Unter anderem hat das der amerikanische Astronom und Spezialist für Galaxienkunde Halton Arp (1927–2013) am eigenen Leib erfahren. Als er die Zeitdehnung offen in Frage stellte, fiel er in Ungnade und wurde entlassen. Der Leiter des Max-Planck-Instituts für Astrophysik Rudolf Kippenhahn holte ihn daraufhin mit einem Stipendium nach Garching bei München. Nach dessen Auslaufen arbeitete Arp als Gastwissenschaftler dort unentgeltlich weiter.

Im Jahr 2000 veröffentlichte der verstoßene Amerikaner einen Aufsatz, in dem er den Kollegen Physikern vorwarf, Religion statt Wissenschaft zu betreiben. Der Titel lautete: »What Has Science Come To?« Auf deutsch: »Was ist bloß aus der Wissenschaft geworden?« Statt ihre Lehren auf überprüfbare Daten zu stützen, gehe die Astrophysik der Gegenwart von unbewiesenen Annahmen aus.

Sie tue es damit der Kirche nach, die ihre Lehre auf Glaubenssätzen baut. Viele wissenschaftliche Arbeiten kämen längst zu abweichenden Ergebnissen. Solche Berichte würden jedoch von den Fachzeitschriften zensiert.

Das Echo war eisiges Schweigen. Aufgebrachte Münchner Kollegen forderten nun auch hier seinen Rauswurf. Sie bestätigten damit – sicherlich unge-

Halton Arp, amerikanischer Astronom, Spezialist für Galaxienkunde, im Jahr 2008

wollt – den Religionsgehalt ihrer Lehre. Wären Arps Ansichten tatsächlich völlig abwegig, hätten sie die Veröffentlichung mit einem Achselzucken übergehen können. Aber sie wollten den Ketzer exkommunizieren, wie es die Kirche tut.

Dieser Vorfall zeigt, wie es um die Freiheit der Wissenschaft bestellt ist. Zur Ehre der Physik sei hinzugefügt, daß Institutsleiter Kippenhahn das Ansinnen der aufgebrachten Mitarbeiter zurückwies. »Wir brauchen Leute wie ihn«, erklärte er, »sonst besteht die Gefahr, daß sich in der Wissenschaft Cliquen bilden, die keine Kritik von außen zulassen.«

Zu den Unklarheiten über das Wesen der Zeit hat vielleicht auch die schwer überschaubare Art der Zeitrechnung beigetragen. Sie benutzt ein wirres Sammelsurium verschiedener Systeme. Uhrzeiger nicken Sekunden und Minuten im 60er-Takt ab. Die Stunden des Tages folgen einem 12er-System. Ab Mittag beginnt eine neue Runde. Bei digitalen Anzeigen wechseln die Stunden meist im 24er-Rhythmus. Tage faßt man in Wochen nach dem 7er-Verfahren zusammen. Monate vergehen in einem veränderlichen Takt von 28, 29, 30 oder 31 Tagen. Das Maß für das Jahr beträgt in Wochen 52.

Aus Gewohnheit wird über das Durcheinander meist hinweggesehen, zumal die unterschiedlichen Perioden der Einfachheit halber in dezimaler Schreibweise beziffert werden.

Dieses Knäuel ist das Ergebnis einer langen Vorgeschichte. Die Menschheit hat Jahrtausende gebraucht, um den Wechsel von Tag und Nacht und die Abfolge der Jahreszeiten mit dem Gang der Gestirne in Einklang zu bringen. Das war keine leichte Aufgabe. Um so erstaunlicher mutet an, daß die Babylonier schon die Sonnenfinsternis vom 8. März 2283 v. Chr. zutreffend vorausgesagt haben.

Als Faustregel für die annähernde Bestimmung der Jahreszeiten führten die Babylonier ein 360er-System ein. Die 360 hat den Vorzug, durch ausnehmend viele kleinere Zahlen ohne Rest teilbar zu sein. Dabei zählt jeder der zwölf Monate genau dreißig Tage. Zwölf mal dreißig ergibt 360. Das erklärt auch die Wirrnisse der Zeitrechnung. Sie beruhen bis heute auf der Festlegung zu Babylon und lösen sich auf, wenn man das 360er-System benutzen würde.

Die tüchtigen Rechner zu Ninive und Ur hatten das kreisläufige Wesen der Zeit ebenfalls erkannt. Deshalb unterteilten sie auch den Kreis in 360 Grad. Damit konnten sie der Erde für den Alltag genau genug einen Punkt auf ihrer jährlichen Bahn um die Sonne zuordnen. Das Verfahren wird bis heute in Mathematik, Geometrie und den Ingenieurwissenschaften benutzt.

Kreisläufe bilden offenbar die noch grundlegendere Sichtweise als die Zeit. Bei Lebewesen unterscheidet man Kindheit, Jugend, Reife und Alter. Auch diese Abschnitte sind Teile eines Kreislaufs, nämlich der Abfolge von Generationen. So können aus Enkeln wieder Väter und Großväter werden, freilich auch Mütter und Großmütter. Das gilt es heutzutage ausdrücklich hinzuzufügen, weil unterbeschäftigte Sittenwächter der politischen Korrektheit auf mutmaßliche Benachteiligungen von Frauen lauern.

Abgestorbene Pflanzen dienen als Nährboden für neue. Bekannt ist eine besondere Art von Lachsen, die nach dem Ablaichen im Oberlauf von Flüssen verenden, um ihren Nachkommen als Futter zu dienen. Die Geographie beschreibt die Bewässerung der Erde ebenfalls als Kreislauf. Danach steigt Feuchtigkeit vorwiegend von tropischen Gewässern auf und wird von den Monsunen, Passaten und anderen Luftströmen verteilt. In Gestalt von Regen und anderen Niederschlägen gelangt das Wasser auf die Erdoberfläche und fließt über Bäche, Flüsse und Ströme zurück ins Meer.

Ähnliches gilt wahrscheinlich für die meisten Vorgänge in der belebten wie der unbelebten Natur, mögen sie auch sehr große Perioden aufweisen, so daß sie die Lebensspanne der Menschen weit übertreffen.

Es gibt Hinweise, daß die scheinbar geradlinige Reihung geschichtlicher Ereignisse Teil mehr oder weniger regelhafter Schwankungen ist. Der Historiker

Oswald Spengler um 1930

Pitirim Sorokin um 1917

Oswald Spengler (1880–1936) aus Blankenburg am Harz beunruhigte die Mitwelt mit der Ansage, daß auch sie irgendwann ein Ende haben werde. Aufstieg und Verfall der Reiche wie dem der Römer oder der Mongolen zeugten vielmehr davon, daß auch die Geschichte einem wellenförmigen Auf und Ab unterliege. So schrieb er in seinem Hauptwerk *Der Untergang des Abendlandes*, erschienen ab 1918 unter dem Eindruck des Ersten Weltkriegs.

Der Soziologe mit russischen Wurzeln Pitirim Sorokin (1889–1968) ist den Wechselfällen menschlicher Zivilisation in beispielhaftem Umfang nachgegangen. Im Exil gelangte er an amerikanischen Universitäten zu dem Befund, daß alle Kulturen von ihrem Aufgang bis zu ihrem Zerfall in Kriege verwickelt waren. Soweit es sich zurückverfolgen läßt, habe es so gut wie nie und nirgends einen friedlichen Urzustand gegeben.

Dabei zeigte sich unter anderem, daß die europäischen Kriege über mehrere Jahrhunderte nach einem bestimmten Muster abgelaufen sind. Selten hat ein Staat der Alten Welt länger als fünfzig Jahre Ruhe gehalten. Schon einige Jahrzehnte nach großen, verlustreichen Schlachten begann der Unfrieden aufs neue, mit Grenzstreit, Wirtschaftsneid, religiösen Begründungen und anderen austauschbaren Anlässen. Eine überschlägige Rechnung deutet auf eine Periode von etwa 52 Jahren hin.

Erst vor kurzem mündete die Suche nach fremden Zivilisationen im All unerwartet in Überlegungen, daß die Menschheit als ganze auch nur eine vorübergehende Erscheinung in einer Abfolge von Kulturen sein könnte. Der Astrophysiker Gavin Schmidt, Direktor des

Goddard-Instituts für Raumforschung der NASA, und sein Kollege Adam Frank von der Universität Rochester erwogen, wie höherentwickelte Daseinsformen auf fernen Planten zu erkennen seien.

Versunkene Reiche auf der Erde könne man noch Jahrtausende später anhand der Reste ihrer Bauwerke nachweisen. In der Astrobiologie sind indessen weit größere Zeiträume ins Auge zu fassen. Wie aber wären kulturelle Blüten aufzuspüren, wenn sie schon in der Urgeschichte der Erde bestanden hätten, etwa im Silur vor 400 Millionen Jahren? Nach diesem Ansatz benannten die Forscher die Annahme einer sehr frühen Vorläuferzivilisation als »Silur-Hypothese«.

Träger dieser Kultur hätten dann aber keine Menschen sein können. Die Anfänge des *Homo sapiens* reichen nur einige hunderttausend Jahre zurück. Nicht einmal niedere Säugetiere hatten im Silur die Erde bevölkert. Allenfalls kämen womöglich »intelligente Reptilien« dafür in Frage, wie die Wissenschaftler mutmaßten.

Für Raumforscher sind gewaltige Zeiträume nichts Besonderes. So kennen sie etwa ein »Platonisches Jahr«, oder »Weltjahr«, das rund 24 000 Kalenderjahre währt. So viel Zeit benötigt die Periode, mit der die Erdachse pendelt und dabei einen Kreis über dem Nordhimmel beschreibt. Der »Urknall« liegt fast 14 Milliarden Jahre zurück, wie es heißt. Laut einer Theorie von einem pulsierenden All würde sich das Universum nach Billionen von Jahren wieder auf einen Punkt zusammenziehen, um dann erneut zu explodieren. Es hätte damit keinen Anfang und kein Ende.

Wegweiser der Logik:
Kreislauf, Unterteilung, Messung,
Jahresüberhang, Sonnentag, künstliche Sekunde,
Zeitdehnung, 360er-System, Silur-Hypothese,
Platonisches Jahr/Weltjahr

Kapitel 14
Räume

Raum ist in der kleinsten Hütte.
Friedrich Schiller

Die Kunde von der Vermessung der Welt ist die Raumlehre. Sie wird auch »Geometrie« genannt, nach der griechischen Erdgöttin Gaia. Als Räume werden allerdings recht unterschiedliche Gebiete bezeichnet. Hier soll es um den Bereich gehen, wo Leben gedeiht. Auch dem wesentlichen Merkmal dieses Raums kommt am nächsten, wer darauf schaut, wie man ihn ermißt.

Den Anfang macht ein Ausgangspunkt, auch »Nullpunkt« geheißen. Dafür eignet sich das Innerste der Erde, der Südpol, die Spitze des nächsten Kirchturms oder die eigene Nase. Um die Umgebung zu erfassen, stellt man sich drum herum eine Kugel vor, die alles einschließt, was man betrachten will. Das ist eines der wichtigsten Beispiele für einen Raum.

Kugel mit Sicht auf den Mittelpunkt o. Ausgehend davon zielt ein Pfeil auf den Punkt P an der Oberfläche. Sein Schaft ist mit r bezeichnet, für den Radius der Kugel. Seine Länge gleicht dem Abstand von P zum Nullpunkt. Der griechische Buchstabe Theta (θ) bezeichnet den Höhenwinkel zwischen r und der Höhenachse z. Der Winkel Phi (φ) zwischen der x-Achse und dem Schattenwurf von r auf die x-y-Ebene ist der Rundumwinkel von P, auch »Azimut« geheißen. Radius, Höhenwinkel und Azimut sind die Koordinaten, die jeden Punkt an der Oberfläche einer Kugel eindeutig bestimmen.

Da der Radius eine frei wählbare Veränderliche darstellt, läßt es sich einrichten, daß ein beliebiger Punkt der Umgebung an der Oberfläche zu liegen kommt. Auf diese Weise ist jede Einzelheit einzuordnen. Die Größe des umschlossenen Raums bestimmt ein einfacher Ausdruck:

$$\text{Rauminhalt} = 4/3 \cdot \pi \cdot r^3.$$

Dabei ist π (Pi) die Kreiszahl, die man aus der Schule kennt. Wenn der Radius gerade einen Meter ausmacht, beträgt der Inhalt

$$4/3 \cdot 3{,}14 \cdot 1^3 \approx 4{,}19 \text{ m}^3,$$

also rund vier Kubikmeter. Die Kugel ist vermutlich eine der am weitesten verbreiteten Gestalten im All. Das hat einen gewichtigen Grund: Sie umfaßt einen gegebenen Raum mit der denkbar geringsten Oberfläche. Anders gesagt: Die Form ihrer Haut ermöglicht den Einschluß eines größtmöglichen Inhalts. Das bewirkt unter anderem, daß der Verlust an Wärme auf ein Minimum gedrosselt wird. Die Ausdehnung der Schale ergibt sich durch

$$\text{Flächeninhalt} = 4 \cdot \pi \cdot r^2.$$

Bleibt man beim obigen Beispiel mit $r = 1$ m, erhält man daraus

$$4 \cdot 3{,}14 \cdot 1^2 = 12{,}56 \text{ m}^2,$$

also rund zwölfeinhalb Quadratmeter. Insbesondere leben die Menschen auf einer Kugel mit einer Oberfläche von rund 500 Millionen Quadratkilometer. Allerdings sind fast drei Viertel davon mit Wasser bedeckt.

Um die Erde zu vermessen, nimmt man statt des Höhenwinkels θ dessen Komplement 90° − θ zwischen Radius und Äquatorebene. Der hochgestellte Kringel ° steht für Grad. Die komplementären Winkel markieren die geographische Breite. Liegt der Radius auf der Äquatorebene, ist er gleich Null. Am Nordpol beträgt er 90 Grad.

Bei der Abbildung auf Seite 201 beträgt θ schätzungsweise ein Drittel des rechten Winkels, also 90° − 30° = 60°. Damit wird die Breite zu 60° Nord, wo Oslo liegt und Sankt Petersburg. Auf der Südhalbkugel sind die Verhältnisse gespiegelt. Den Südpol verortet man bei 90° Süd.

Die Kreise durch die Pole kennzeichnen die geographischen Längen, auch »Meridiane« genannt. Sie werden in 180° Ost und ebenso viele in West unterteilt. Die 0-Grad-Länge markiert der Kreis, der zudem durch die Sternwarte von Greenwich geht, einem Stadtteil von London. Beispiele für geographische Koordinaten sind:

Kassel in Hessen	51° Nord, 10° Ost
Moskau, Rußland	56° Nord, 38° Ost
Melbourne, Australien	38° Süd, 145° Ost
Dublin, Irland	53° Nord, 6° West
Montevideo, Uruguay	35° Süd, 56° West.

Nimmt man statt einem Meter für den Radius eine Astronomische Einheit (AE), dann reicht der Rand der Kugel bis zur Sonne. Das sind rund 150 Millionen Kilometer. Dieser Raum umschließt schon ein ordentliches Stück Weltall. Wählt man zudem die Sonne zum Mittelpunkt, kreisen in seinem Innern die Planeten Venus und Merkur, die Erde an der Oberfläche.

Nichts steht im Weg, mit den Halbmessern fortzufahren, bis sie Lichtjahre lang sind. Ein Lichtjahr ist die Strecke, die ein Strahl in zwölf Monaten zurücklegt. Sie beträgt 63 241 AE. In Kilometern sind das 9 460 730 472 581, eine unförmige Zahl, deren Länge heutigen Inhabern von IBAN-Nummern wohl vertraut ist. Die entferntesten Objekte, die Raumforscher bislang ermitteln konnten, liegen bei 13 Milliarden Lichtjahren. Zugegeben, das ist unvorstellbar weit. Dennoch gibt es keinen ersichtlichen Grund, warum es dahinter nicht weitergehen sollte.

Ein anderes Verfahren, Raum zu ermessen, besteht darin, einen Ort als Ecke eines Würfels aufzufassen, der dem Nullpunkt diagonal gegenüberliegt.

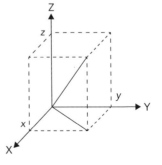

Darstellung eines Raums als Würfel. Ein Punkt wird mit den kartesischen (oder kubischen) Koordinaten x, y und z bezeichnet. Sie stehen für Länge, Breite und Höhe des erfaßten Bereichs. Bei Würfeln sind alle gleich lang. Die Entfernung vom Nullpunkt entspricht der Länge der Raumdiagonalen. Sie beträgt $\sqrt{3}x$. Der Inhalt des Würfels ist gleich x^3.

Unter einem Raum versteht man also den begrenzten Inhalt eines Körpers, der beliebig groß werden kann, so daß er dem Weltall gleichkommt. Das ist ein erneutes Wiedersehen mit der schon mehrmals erwähnten Dualität der Logik. Grenzenloses gibt es nur, weil es auch Begrenztes gibt, und umgekehrt. Räume sind mithin ebenfalls eine Art der Wahrnehmung, ein Denkgesetz wie die Zeit.

Der Würfel ist Freunden der Weltraumserie *Raumschiff Enterprise* als bevorzugte Form für Schiffe der Borg bekannt, dort auch lateinisch »Kubus« geheißen. Die Borg werden als vormals menschliche Wesen dargestellt, die sich durch Einbau technischer Ersatzteile Robotern annähern. Solche Mischformen sind den Zeitgenossen mit künstlichen Kniegelenken, Zahnprothesen und Kunststoffimplantaten in der Leiste oder sonstwo nicht mehr ganz fremd.

Der Kubus in der Abbildung unten liegt im ersten Achtel des Koordinatensystems, weil sich das am einfachsten zeichnen läßt. Er könnte freilich auch jeden anderen Platz einnehmen. Die drei Ebenen zwischen

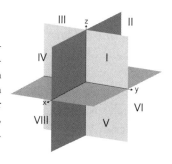

Oktanten eines räumlichen Systems in kartesischen Koordinaten. Der erste ist mit der römischen Ziffer I bezeichnet. Sein Boden entspricht einem Quadranten der x-y-Ebene. Der siebte Oktant, VII, ist in dieser Darstellung verdeckt. Er liegt unterhalb von III.

jeweils zwei Achsen unterteilen die Umgebung in acht gleiche Teile, die man »Oktanten« nennt, vom lateinischen »octo« für »acht«.

Dreht man den Würfel in der Abbildung auf Seite 205 von oben betrachtet in einem rechten Winkel entgegen dem Uhrzeigersinn um die Höhenachse z, kommt er im zweiten Oktanten zu liegen, bei weiterer Drehung im dritten, dann im vierten. Die übrigen vier Oktanten befinden sich unterhalb der x-y-Ebene und sind im gleichen Sinn angeordnet. Um vom ersten in den fünften Oktanten zu gelangen, braucht man den Würfel nur um 90 Grad um die x- oder die y-Achse zu kippen.

Die Kenntnis von der Unterteilung in Oktanten ist offenbar wenig verbreitet. Sogar in der beliebten Fernsehserie *Raumschiff Enterprise* spricht man von einem Alpha-Quadranten, in den das Raumschiff verschlagen wurde. Quadranten gibt es jedoch nur als Ebene, wo sie je ein Viertel ausmachen. Dabei würden die Astronauten ganz plattgedrückt.

Bei Gefechten flüchten sich Raumschiffe zudem in »Unterräume«. So heißt es in manchen Folgen. Weil auch diese Unterräume Flächen innerhalb der Oktanen sind, erging es der Besatzung ebenso schlecht. Das gleiche gilt für Hyperräume, obwohl diese Bezeichnung eher nach Bereichen höherer Ordnung klingt. Offenbar gingen die Macher der Serie davon aus, daß Zuschauer Schwierigkeiten mit räumlicher Vorstellung haben. Darum steuern sie das Schiff gern auch mal in eine Raumfalte, was immer das sein mag.

Außer in Würfelform oder Kugelgestalt gibt es noch weitere Verfahren, um Räume zu ermessen. Alle gleichen sich jedoch in einer Hinsicht: Die Ortsbeschreibung eines Punkts läßt sich auf einen Pfeil oder Zeiger zurückführen, wie den Radius der Kugel oder die Raumdiagonale des Würfels. Er bezeichnet eine Richtung und besitzt eine Länge. Beide Merkmale sind durch Tupel bestimmt, wie das Kapitel über Mehrfachbezüge sie herleitet. Bei Kugeln sind es die Tripel (r, φ, θ), bei Kuben (x, y, z). Somit handelt es sich um Elemente eines dreifachen Mengenprodukts, eines in einem früheren Kapitel beschriebenen Denkgesetzes.

Die geschilderten Gefilde entsprechen weitgehend dem dreidimensionalen Vektorraum der Mathematik. Aber Vektorräume können beliebig viele Dimensionen von null bis unendlich besitzen. Nullpunkt, Geraden und Ebenen gelten ebenfalls als Räume mit null, einer oder zwei Dimensionen, zudem solche mit mehr als drei Ausdehnungsrichtungen. Der Begriff ist also allgemeiner gefaßt als der Raum zum Leben.

Liebhaber der Science-fiction bewegen sich gern in vier- oder noch-mehr-dimensionalen Gegenden. Die neuzeitliche Physik stellt dazu eine Verbindung zwischen Zeit und Raum her und nennt diesen Zwitter »Raumzeit«.

Der Begriff stammt angeblich von dem Mathematiker Hermann Minkowski aus Litauen (1864–1909). Minkowski fügte den Tripeln der Raumpunkte eine vierte Komponente t für die Zeit hinzu. Tupel der Art (x, y, z, t) dienen zur Darstellung eines vierdimensionalen Raums der Relativitätstheorie. So heißt es auf einer Netzseite der Zeitschrift *Spektrum der Wissenschaft*. Mathematisch wäre das kein Problem. Aber alles, was sich dazu als physikalische Erklärung findet, ist eher geeignet, die Unklarheiten zu vergrößern.

Jedenfalls stellen Räume etwas Regloses dar. Man kann ihre Grenzen zwar gedanklich immer weiter hinausschieben. Doch das ist eine Handlung des Betrachters. Bei der Zeit vergleicht man dagegen einen eigenständigen Vorgang, sei es eine Bewegung, Wachstum oder Verfall, mit einem genormten Kreislauf. Folgerichtige Schlüsse dienen vor allem dazu, verschiedene Dinge auseinanderzuhalten, statt sie zu vermengen.

Auch parallele Räume sind faßbar, solange sie einen endlichen Inhalt aufweisen. Unter Freunden der SF ist jedoch auch von parallelen Universen die Rede. Aber als Universum gilt der unbegrenzte Weltraum, der alles beinhaltet, was man messen kann. Wenn es ein zweites Universum gäbe, parallel oder wie auch immer, wäre das ein Widerspruch der mehrfach benannten Art.

Fall 1: Es gibt ein Universum, das alles enthält. Dann kann es kein zweites geben, das außerhalb wäre, weil es gar kein Außerhalb gibt.

Fall 2: Es gibt ein zweites Universum. Dann wäre aber das erste keins. Denn es würde nicht alles beinhalten.

Die sagenhafte Krümmung des Alls ist ein ähnlich krummes Ding. Dabei handelt es sich um ein Merkmal ableitbarer Kurven. Das kann man so umschreiben, daß sie in jedem Punkt eine eindeutig bestimmbare Tangente besitzen. Wo mehrere Berührungsgeraden andocken können, ist sie nicht ableitbar.

Wo es aber geht, läßt sich ihr von innen ein Kreis einfügen, wenn man den Bereich der Tangente als Außen ansieht. Dies ist der Krümmungskreis, der die Kurve ebenfalls nur in diesem einen Punkt berührt. Sein Halbmesser, der Krümmungsradius, zeigt an, wie sehr sich die Kurve biegt: Je kleiner der Kreis, desto krummer die Kurve. So beschreibt es die Differentialgeometrie in aller Klarheit.

Autofahrern begegnet dieser Sachverhalt mitunter in Gestalt von Hundekurven. Das sind solche, deren Krümmungsradius sich verkürzt. Das zwingt zum Abbremsen, was in einer Biegung ungemütlich werden kann. Sachkundiger Straßenbau berücksichtigt eine konstante oder abnehmende Krümmung.

Freilich lassen sich auch Ebenen verbiegen. Ebenso können Räume sehr verwinkelte Formen annehmen. Dort verlaufen mitunter auch gekrümmte Kurven. Eine Krümmung für einen Raum als Ganzes ist jedoch nirgendwo erklärt.

Wegweiser der Logik:
Kugel, Radius, Höhenwinkel, komplementärer Winkel, Rundumwinkel oder Azimut, Rauminhalt, geographische Länge und Breite, Astronomische Einheit, Würfel, Raumdiagonale, Oktant, Quadrant, Hyperraum, Vektor, Richtung, Raumzeit, parallele Räume, Krümmung, Kurvenradius, Hundekurve

Sinnzeichen:
$90°$ neunzig Grad
$90° - \theta$ komplementärer Winkel zu $\theta \in (0, \ldots, 90)°$

Kapitel 15
Bilder

Wo die Logik beginnt und endet, tritt zutage, wenn ein Funker fremden Wesen von einem anderen Stern hallo sagen will. Wie kann er sich mit jemandem verständigen, von dem er so gut wie nichts weiß?

Das geht nur, wenn sehr viel vorausgesetzt wird. Die Gesprächspartner müßten mindestens auf einem vergleichbaren technischen Stand sein. Wenn sie noch in Höhlen einer Eiszeit trotzen, hat das ganze Unternehmen keinen Zweck. Vertreter einer Zivilisation auf einer haushoch überlegenen Stufe wüßten wahrscheinlich längst alles von den Erdianern, was sie interessieren könnte. Sie würden sich mit deren Nichtigkeiten kaum abgeben wollen.

Doch angenommen, die anderen wären gesprächsbereit und dazu fähig. Auch dann hat es wenig Sinn, irgendwelche Zeichen zu senden. Als im Sommer 1967 die Studentin Jocelyn Bell an einer englischen Sternwarte regelmäßige Funkimpulse auffing, glaubten viele zunächst, das sei der große Augenblick. Aber Raumforscher sind in erster Linie Physiker und suchen darum vor allem nach physikalischen Erklärungen. So wurde auch hier ein lebloser Himmelskörper, »Pulsar« genannt, als Ursache festgemacht.

Wenn ein Signal als Lebenszeichen erkannt werden soll, muß es mithin eine biologische Erklärung nahelegen. Zu diesem Ergebnis kam der amerikanische Astrophysiker Frank Drake aus Chicago. Er versuchte es deshalb mit einem Bild. Am 16. November 1974 wurde vom großen Radioteleskop von Arecibo in Puerto Rico eine grobe Skizze in Richtung auf den Kugelhaufen M13 im Sternbild Herkules abgestrahlt. Die Botschaft war in einer Folge von Impulsen verschlüsselt, die Empfänger auf Augenhöhe nach Drakes Ansicht würden enträtseln können.

Verständige Wesen im Kugelhaufen M13 sollten in 25 000 Jahren auf Empfang sein. So lange braucht die Nachricht mit Lichtgeschwindigkeit bis zum Sternhaufen im Herkules. Um die Botschaft zu deuten, müßten sie außer einer ganzen Reihe technischer Einzelheiten die Regeln von Abbildungen kennen, wie in Kapitel 9 dargelegt. Linksvollständigkeit und Rechtseindeutigkeit sind auch in diesem Fall unerläßliche Voraussetzungen.

Die Bedingung der Vollständigkeit verlangt, daß alle 1 679 Zeichen aufgefangen werden. Wenn nur eins fehlt, war alles vergebens. Die Primzahlen für die Aufteilung

Teilweise entschlüsselte Arecibo-Botschaft vom November 1974. Die Nachricht bestand aus 1 679 binär frequenzmodulierten Zeichen. Diese Zahl ist nur durch zwei Primzahlen ohne Rest teilbar, nämlich durch 23 und 73. Das legt nahe, sie in 23 Zeilen zu je 73 Spalten anzuordnen. Dann ergibt sich ein Bild, das in der linken Hälfte eine liegende menschliche Gestalt andeutet. Den Rest bilden verschlüsselte Angaben über die Herkunft von der Erde und das menschliche Erbgut.

nach Zeilen und Spalten wären nicht erkennbar. Die Voraussetzung der Rechtseindeutigkeit ginge ebenfalls verloren. Die Koordinaten der Bildpunkte ergeben sich auch aus den Primzahlen, nämlich für die Zeilen durch

$$z \in \{1, \ldots, 23\}$$

und für die Spalten als

$$s \in \{1, \ldots, 73\}.$$

Die geordneten Paare

$$(z, s) \in \{1, \ldots, 23\} \times \{1, \ldots, 73\}$$

geben an, wo die Bildpunkte liegen. Erst damit wird die Gebrauchsanweisung erkennbar. Sie folgt dem Schema

$$\begin{matrix} a_{1,1} & a_{1,2} & \ldots, & a_{1,72} & a_{1,73} \\ \vdots & & \ldots, & & \vdots \\ a_{23,1} & a_{23,2} & \ldots, & a_{23,72} & a_{23,73}. \end{matrix}$$

Die Dreipunktgruppen ... vertreten hier die ausgelassenen Glieder, die leicht zu ergänzen sind. Deren vollständige Angabe entspricht dann dem Raster in Abbildung 1. Die rechteckige Anordnung der Bildmenge wurde ebenfalls von Gottfried Wilhelm Leibniz ersonnen. Man nennt sie eine »Matrix«. Damit läßt sich die Sendung vom dritten Begleiter der Sonne im Orion-Arm der Milchstraße bündig kennzeichnen: Es ist eine 23-mal-73-Matrix.

Doch sogar im digitalen Zeitalter der Erde dürfte die Kenntnis des ganzen Drum und Dran nur einer Minderheit vertraut sein. Und das, obwohl fast alle Bilder, die man gegenwärtig zu sehen bekommt, aus solchen Matrizen bestehen.

Photos, die man mit dem Handy macht, sind aus Millionen von Bildpunkten zusammengesetzt, »Pixel« genannt. Je mehr es sind, desto schärfer ist die Abbildung. Man spricht dann von guter Auflösung, wenn sich die Einzelheiten deutlich erkennen lassen.

Neuere Bildschirme für Fernsehgeräte und Handrechner haben 1 920 Spalten und 1 080 Zeilen. Das macht mehr als zwei Millionen Pixel aus. Bei Videos wechseln die Bilder zudem 25mal in der Sekunde, damit der Eindruck einer flüssigen Bewegung entsteht, die nicht ruckelt. Auch Schriftzeichen auf dem Schirm bestehen aus Matrizen. Die Abbildung unten zeigt das gerasterte Bild des Kleinbuchstaben a in starker Vergrößerung.

Die Vorläufer der Photographie konnten von heutiger Bildqualität nur träumen. Ehedem nutzte man dazu Filme aus Zelluloid, einem der ersten Kunststoffe.

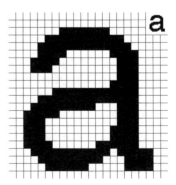

Der Kleinbuchstabe a, gerastert dargestellt durch eine 20-mal-20-Matrix

Die Filme waren mit einer lichtempfindlichen Masse beschichtet, die chemisch bearbeitet werden mußte, um ein negatives Bild sichtbar zu machen. Das diente als Vorlage, mit der man die Aufnahme durch erneute Belichtung und weitere Behandlung auf Papier bannte. Die Schärfe der Abbildung hing neben der Güte der Optik vor allem von der Körnung der empfindlichen Schicht ab. Nur wenn sie recht fein war, durfte man mit guter Auflösung rechnen.

Die Ausdrücke »Körnung«, »Auflösung« und »Schärfe« bedeuten alle dasselbe, wenn auch unter wechselnden technischen Gegebenheiten. Sie spielen eine große Rolle beim Radar und anderen Verfahren der Ortung, neuerdings vor allem bei der Erdbeobachtung durch Satelliten. In der Meßtechnik geht es um den Abstand, bei dem sich zwei Werte gerade noch unterscheiden lassen. Letztlich handelt es sich um die bereits mehrfach angesprochene Aufgabe, verschiedene Dinge auseinanderzuhalten.

Worauf es bei Bildern ankommt, läßt sich mit Hilfe von Mengensystemen verdeutlichen, die in Kapitel 5 erwähnt sind. Es sind Mengen, deren Elemente wiederum aus Mengen bestehen. Als von besonderem Belang gelten dabei die Potenzmengen $\mathfrak{P}\{X\}$ einer Grundmenge, wie $X = \{x, y, z\}$, wovon sie alle möglichen Teilmengen beinhaltet:

$$\mathfrak{P}\{X\} = \mathfrak{P}\{x, y, z\} =$$
$$\{\emptyset, \{x\}, \{y\}, \{z\}, \{x, y\}, \{x, z\}, \{y, z\}, \{x, y, z\}\}.$$

Die drei Elemente der Grundmenge $x, y, z \in X$ können die Pixel des Männleins in der Matrix vertreten. Die geringe Zahl genügt, um das Wesentliche an der Sache herauszuschälen. Dazu dienen besondere Untermengen der Potenzmenge wie

$$\mathfrak{T}\{X\} = \{\emptyset, \{x\}, \{x, y\}, \{x, z\}, \{x, y, z\}\} \subset \mathfrak{P}\{X\},$$

die man »Topologien« nennt. Wegen ihrer Eigenschaften sollte man sie besser als »Supermengen« bezeichnen. Ihre drei wichtigsten Merkmale sind:

- Die leere Menge $\emptyset$ und die ganze Menge X gehören dazu,
- die Vereinigung zweier Teilmengen $S \cup T \in \mathfrak{T}\{X\}$ sowie
- deren Schnitt $S \cap T \in \mathfrak{T}\{X\}$.

Man nennt das »Abgeschlossenheit gegenüber Durchschnitt und Vereinigung«. Ein Gegenbeispiel bildet der Fall

$$\mathfrak{S}\{X\} = \{\emptyset, \{x\}, \{x, y\}, \{y, z\}, \{x, y, z\}\} \subset \mathfrak{P}\{X\}.$$

Die Schnittmenge von $\{x, y\}$ und $\{y, z\}$

$$\{x, y\} \cap = \{y\}$$

ergibt ein Element $\{y\} \in \mathfrak{P}\{X\}$, das nicht zur Menge gehört: $\mathfrak{S}\{X\} \not\ni \{y\}$. Darum ist $\mathfrak{S}\{X\}$ keine Supermenge. Das belegt, daß Topologien ganz besondere Teilmengen sind und nicht der Normalfall.

Vor allem ermöglichen sie es, mehrere Stufen der Auflösung auszumachen. Man nennt sie »Trennungsaxiome«. Das sind gestaffelte Maßstäbe, die anzeigen, wie genau sich einzelne Punkte voneinander unterscheiden lassen.

Die einfachste Meßlatte wird mit »T_0 nach Kolmogorow« bezeichnet, nach dem russischen Mathematiker Andrej Nikolajewitsch Kolmogorow (1903–1987). Das Axiom besagt, daß von je zwei Punkten mindestens einer eine Umgebung besitzt, die den anderen nicht enthält. Das Beispiel

$$\mathfrak{T}_0\{X\} = \{\emptyset, \{y\}, \{z\}, \{x, z\}, X\}$$

erfüllt diese Vorgabe. Von den beiden Punkten y und z besitzt z mit {x, z} eine Umgebung, der y nicht angehört. Damit ist eine Mindestbedingung erfüllt, um die beiden Elemente zu unterscheiden.

Nun könnte man sagen, die beiden Buchstaben wären auch ohne diese Umstände anhand ihrer unterschiedlichen Bezeichnung auseinanderzuhalten. Aber das dient nur zur Erklärung in diesem Beispiel. Die 30 Pixel, aus denen das Männlein besteht, sehen alle gleich aus. Sie unterscheiden sich nur durch ihre Anordnung.

Wie es die Dualität der Logik erfordert, gehört zur Auflösung auch eine umgekehrte Schau nach dem, was wie zusammenhängt. Was bildet eine Einheit, deren weitere Zerlegung nichts mehr bringt? Der Verhaltensforscher Konrad Lorenz bezeichnete diese Gabe des Erkenntnisfilters als Fähigkeit zur Gestaltwahrnehmung. So können Menschen die Gestalt in der Arecibo-Matrix mühelos erkennen. Sie hängen alle zusammen und das Ganze hält Abstand zum Rest des Rasters.

Wie das vor sich geht, vergegenwärtigt eine Gegenüberstellung einer Supermenge mit ihrem bedingten Komplement, wie

$$\mathfrak{T}^+\{X\} = \{\emptyset, \{x\}, \{x, y\}, \{x, z\}, X\} \subset \mathfrak{P}\{X\}$$

und der dazu dualen Topologie

$$\mathfrak{T}^-\{X\} = \{\emptyset, \{y\}, \{z\}, \{y, z\}, X\} \subset \mathfrak{P}\{X\}.$$

Die duale enthält genau die echten Teilmengen von $\{x, y, z\} = X$, die ihrem Gegenstück fehlen. Der Philosoph Georg Wilhelm Friedrich Hegel hätte die beiden deshalb unter »These« und »Antithese« eingereiht. Abgesehen von den beiden unechten Untermengen $\emptyset$ und X sind beide komplementär zueinander bezüglich der

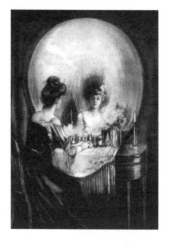

Vexierbild des US-amerikanischen Graphikers Charles Gilbert. Der Betrachter sieht entweder eine Frau, die in den Spiegel blickt, oder einen Totenschädel. Der Künstler nannte sein Werk *All Is Vanity* (»Alles ist Eitelkeit«).

Potenzmenge $\mathfrak{P}\{X\}$. Sogenannte Vexierbilder, die genau zwei verschiedene Deutungen zulassen, treiben den Sachverhalt anschaulich auf die Spitze.

Damit stellen solche Topologien das gegebene Handwerkszeug dar, Für und Wider schwieriger Entscheidungen gegeneinander abzuwägen. Das ist mit der Redensart gemeint, daß man »sich von einer Lage ein Bild macht«. Dabei kommt es darauf an zu entscheiden, welche Einzelheit dazugehört und welche nicht.

Vor dieser Frage steht unter anderem die Kripo, wenn sie die Spuren eines Verbrechens sichern will. Dazu zieht sie alles heran, was am Tatort auf den Hergang oder auf den Täter hindeutet. Dabei muß sie zugleich von allem absehen, was nichts damit zu tun hat. Andernfalls würde es das Täterprofil verfälschen.

Um im Bild zu bleiben: Der Tatort mitsamt Inventar steht für eine Potenzmenge. Die Fahnder nehmen etwa Blutspuren, Fingerabdrücke und Bruchteile von DNA auf, das Erbgut von Lebewesen, was darauf hindeutet, wer in dem Raum gewesen ist. Diese Spuren werden dann mit den Merkmalen von Bewohnern verglichen, für die eine Supermenge stehen kann. Dabei stellt sich heraus, was auf Fremde hindeutet: die duale Topologie.

Zugehörige Elemente heißen auch »offene Elemente«. Die Gegenstücke werden »abgeschlossene Elemente« genannt. Das sei der Vollständigkeit halber erwähnt für Leser, die ihre Kenntnisse vielleicht anhand weiterer Quellen vertiefen wollen.

Der Kriminalrat Ernst Gennat (1880–1939) aus Berlin-Plötzensee hatte wahrscheinlich nie etwas von solchen Gebilden gehört. Dennoch handelte er genau danach, als er zwischen den Weltkriegen in Berlin die erste Mordinspektion gründete. Dazu richtete er eine Zentralkartei ein, um Mehrfachtäter anhand von Ähnlichkeiten der Spuren zu erkennen. Er entwarf ein Sieben-Punkte-Schema für die einheitliche Spurensicherung.

Berlin galt damals als das Chicago an der Spree. Morde waren sozusagen an der Tagesordnung. Dank der Neuerungen von Gennat gelang es, fast neunzig von hundert Fällen aufzuklären. Daraufhin reisten Kriminalisten aus aller Herren Länder an, um zu erfahren, wie er das machte. Man darf dies ohne Übertreibung eine Wende in der Verfolgung von Verbrechen nennen.

Bei den Supermengen ist jedoch noch viel Luft nach oben. Außer dem Trennungsaxiom von Kolmogorow gibt es weitere Maßstäbe für noch stärkere Formen des Zusammenhangs und Unterschieds. Die nächste Stufe der Auflösung ermöglicht das Trennungsaxiom T_1 nach Fréchet, benannt nach dem französischen Mathematiker Maurice Fréchet (1878–1973). Es verlangt, daß von je zwei Punkten beide eine Umgebung ohne den anderen besitzen. Dieser Bedingung genügt das Beispiel

$$\mathfrak{T}_1\{X\} = \{\emptyset, \{y\}, \{z\}, \{x, y\}, \{x, z\}, \{y, z\}, X\}.$$

Noch schärfer trennt das Axiom T_2 nach Hausdorff, benannt nach dem Mathematiker Felix Hausdorff aus Breslau (1868–1942). Demnach sollen je zwei Punkte Umgebungen besitzen, die einander fremd sind, also überhaupt keine gemeinsamen Elemente enthalten. Darüber hinaus gibt es noch mehrere, weitaus anspruchsvollere Stufen.

Doch damit kann es hier sein Bewenden haben, wenn klar genug ist, wie der Hase läuft. Die Auflösung wird immer besser, je größer die Umgebung des einzelnen Pixels ist. Anders gesagt: Je mehr weiße Stellen um das Männlein auf dem Arecibo-Raster herum liegen, desto deutlicher tritt seine Gestalt zutage.

Ebenso eindringlich scheint auf, welchen Aufwand es erfordert, die Axiome bei 1679 statt bei nur drei Pixeln zu überprüfen, geschweige denn bei einigen Millionen, aus denen umfangreiche Bilder zusammengesetzt sind. Solche Fähigkeiten nötigen wohl jedermann größte Hochachtung vor dem Wahrnehmungsfilter ab, den die Natur ihren Geschöpfen mitgegeben hat.

Darauf hat sie allerdings einige Milliarden Jahre an Entwicklung verwendet. Am ehesten können das wahrscheinlich die Macher von Computersimulationen ermessen. Sie entwerfen Programme, die Bilder ganzer Welten erstehen lassen.

Wegweiser der Logik:
Raster, Matrix, Spalten, Zeilen, Pixel,
Auflösung, Schärfe, Körnung, Topologien,
Abgeschlossenheit, Trennungsaxiome,
Gestaltwahrnehmung, duale Topologie,
Vexierbild

Kapitel 16
Wahrscheinlichkeit

Der Zufall ist die in Schleier gehüllte Notwendigkeit.
Marie von Ebner-Eschenbach

Was die neuere Physik verkündet, klingt zunehmend nach Religion und Zauberei. Zumal was Physiker über Quanten sagen, hört sich mitunter nach Voodoo an statt wie nüchterne Wissenschaft. So wird behauptet, gewisse Teilchen könnten Lichtjahre auseinander liegen, aber dennoch auf geheimnisvolle Weise in Verbindung stehen. Das bezeichnen die hohen Priester als »Verschränkung«. Noch nachvollziehbar ist immerhin die Aussage, es gebe im Bereich kleinster Einheiten wie der Atome deutliche Unterschiede zur klassischen Mechanik. Hier gelte der gewohnte Zusammenhang zwischen Ursache und Wirkung nur bedingt. Vorgänge wie radioaktiver Zerfall seien einzig statistisch in Form von Wahrscheinlichkeiten zu erfassen.

So neigen schwere Metalle dazu, sprunghaft Bestandteile abzustoßen oder Energie auszustrahlen. Wann der nächste Schub kommt, ist im Einzelfall nicht vorherzusehen. Erst wenn man den Vorgang länger beobachtet, zeigt sich, daß die Regsamkeit abflaut. Fortgesetzte Verringerung läßt darauf schließen, wann die Aktivität auf die Hälfte gesunken ist. Diese Frist wird Halbwertszeit genannt.

Die Kunde von den Launen des Zufalls ist die Stochastik, bekannt auch als Lehre von der Wahrscheinlichkeit. Auf diesem Gebiet feiert die Dualität der Logik die fröhlichsten Urstände. Wer versucht, dortige Vorkommnisse zu erfassen, muß erleben, wie ihm dafür andere aus der Hand gleiten.

Was unter »wahrscheinlich« zu verstehen ist, darüber sind sich die Gelehrten ziemlich einig. Um so mehr rätseln sie daran herum, was als zufällig anzusehen sei. Zwar haben sich Mathematiker wie Richard von Mises (1883–1953) an einer Definition versucht. Doch das Ergebnis klingt ebenso umständlich wie weltfremd und hat wenig Anklang gefunden.

Naheliegend wäre es, den Zufall als Kehrwert der Wahrscheinlichkeit zu betrachten. So wird es gemeinhin auch gedeutet. Sind die Aussichten für das Eintreten eines Ereignisses gering, gilt der Zufall als groß. Ist die Wahrscheinlichkeit dagegen offensichtlich, glaubt niemand an Zufall. Daraus ergibt sich ein schlagend einfacher Zusammenhang. Mit den Großbuchstaben P für »Probabilität« (das gleichbedeutende Fremdwort für »Mutmaßliches«) und Z für das Unwägbare läßt sich die ganze Angelegenheit auf einen schlanken Nenner bringen:

$$Z = 1/P \quad \text{und demzufolge auch} \quad P = 1/Z.$$

Der Name des Fachs stammt aus dem Griechischen. »Stochastik« bedeutet soviel wie »Kunst der Schätzung, wie die Würfel fallen«. Manche Regeln sind tatsächlich von Glücksspielen hergeleitet. So kann man beispielsweise erwarten, daß langfristig jedes sechste Mal eine Sechs fällt. Mag die Hoffnung auch zehnmal enttäuscht werden. Dafür kann dann gleich zweimal hintereinander das Glück winken.

Wie groß die Aussichten sind, ergibt sich aus dem Verhältnis der Anzahl der günstigen Fälle zur Zahl der möglichen. Bei einem regelmäßigen Würfel hat man also 1:6. Das nennt die Stochastik die »Einzelwahrscheinlichkeit nach Laplace«, gemäß der Lehre des französischen Mathematikers Pierre-Simon Laplace (1749–1827). Braucht ein Spieler beim Mensch ärgere Dich nicht gerade eine Eins oder eine Zwei, verdoppeln sich die Aussichten auf 2/6 oder, gekürzt, 1:3.

Weil die möglichen Fälle stets zahlreicher sind als die günstigen, liegt ihr Wert zwischen 0 und 1:

$$0 \leq P \leq 1.$$

Ein unmögliches Ereignis, etwa Würfeln einer Sieben, hat die Wahrscheinlichkeit $P = 0$. Für das sichere, eine Augenzahl zwischen Eins und Sechs, gilt $P = 1$. Das Komplement von P bezüglich der Eins, also $1-P$, heißt »Unwahrscheinlichkeit«. Sie ist mithin dual zur Wahrscheinlichkeit. Die Rechnungen der Kunde sind augenscheinlich mit Grundschulkenntnissen zu bewältigen. Der eigentliche Aufwand besteht darin, die vorkommenden Größen und Begriffe auseinanderzuhalten.

Vollkommene Würfel gibt es allerdings nur in der reinen Lehre. Kleine Unebenheiten stören bei Gesellschaftsspielen weniger. Aber auf Jahrmärkten werden mitunter eigens hergerichtete Spielsteine benutzt, um gutgläubige Besucher hereinzulegen. Die Stochastik hilft, Betrügern auf die Schliche zu kommen.

Angenommen, bei sieben Würfen sind ein Zweier, drei Dreier, zwei Vierer und eine Fünf gefallen. Dann deutet schon eine grobe Skizze mit Kästchen auf eine Schlagseite nach der Drei hin (siehe Abbildung unten).

Die einzelnen Wahrscheinlichkeiten sind hier unregelmäßig verteilt. Für die Zwei und die Fünf scheinen die Aussichten bei 1:7 zu stehen. Bei der Drei sind sie dreimal so groß, nämlich 3:7. Auch die Vier kommt zweimal öfter vor als die Randwerte. Ihre Chancen betragen jetzt 2:7. Über die Eins und die Sechs sind bei diesem Stand keine Aussagen möglich.

Hat der Betrüger weniger dick aufgetragen, scheint die Schiebung nicht so leicht durch. Dann würden unter Umständen dreißig oder mehr Würfe nötig, um Unregelmäßigkeiten aufzudecken. Doch so viel Mühe wollen sich die meisten Besucher kaum machen. Die Leute kommen, um sich zu amüsieren, nicht um Polizei zu spielen. So läuft das trübe Geschäft.

Dennoch bleibt auch bei diesem Stand der Dinge eine kleine Möglichkeit, dem Schwindler einen Strich durch die Rechnung zu machen. Die Vorhersage einer Drei beim nächsten Wurf hat immerhin die Aussicht, in 3 von 7 Fällen zuzutreffen, falls die Skizze die Verschiebung des Schwerpunkts im Würfel einigermaßen

Skizze der Streuung eines fehlerhaften Würfels nach sieben Würfen zutreffend wiedergibt. Dagegen spricht jedoch eine Wahrscheinlichkeit von 4:7 bei den übrigen Würfen.

Würde der Besucher deshalb aufgeben, obwohl seine Vermutung stimmt, nennt man das einen Fehler erster Art. Macht er aber weiter und er liegt falsch, wäre das ein Fehler zweiter Art. Des einen Wahrscheinlichkeit ist des anderen Unwahrscheinlichkeit.

Für die Vorhersage einer Drei wäre der Fehler zweiter Art mit $P_2 = 4/7$ größer als der Fehler erster Art mit $P_1 = 3/7$. Möchte der Spieler sicherer gehen, kann er noch den Fall heranziehen, daß vielleicht auch eine Vier fällt. Denn auch sie deutet auf eine Mitwirkung an der Verschiebung des Schwerpunkts hin. Dann beträgt das Risiko für Fehler erster Art nur noch $P_{11} = 2/7$, weil nur die Zwei und die Fünf nicht fallen dürften.

Aber dafür wäre die Wahrscheinlichkeit für den Fehler zweiter Art $P_{22} = 5/7$ um so größer. Damit führen diese Spekulationen in eine Zwickmühle: Je mehr man den einen vermindert, desto mehr wächst der andere. Auch hier herrscht Dualität.

Bei praktischer Anwendung der Lehre hat man es in der Regel mit bedeutenderen Mengen von Daten zu tun. Das durchschnittlich erreichbare Alter der Menschen lag bei der Geburt in Deutschland im Jahr 2020 für Männer um 79, für Frauen bei fast 84 Jahren. Diese Zahlen bilden Mittelwerte. Das heißt, die Summe aller Altersangaben geteilt durch die Anzahl der Personen. Diese Meßgröße wird üblicherweise mit dem griechischen Kleinbuchstaben µ bezeichnet und »mü« gesprochen.

Freilich werden etliche Leute deutlich älter, aber immer weniger, je mehr sie in die Jahre kommen. Andererseits sterben manche früher, bevor sie die mittlere Lebenserwartung erreicht haben. Darum gruppieren sich die Altersklassen links und rechts vom Mittelwert mit abfallender Häufigkeit.

Wichtig sind solche Erhebungen auch für die Fertigung von Werkstücken. Dabei müssen sogenannte Toleranzen beachtet werden. Dann steht der Sollwert in der Mitte und die noch zulässigen Abweichungen werden kleiner und weniger. In der Meßtechnik, wo es auf besondere Genauigkeit ankommt, ergeben sich ebenfalls derartige Verteilungen. Stichproben vor Wahlen, Verkehrsaufkommen in Abhängigkeit von der Tageszeit

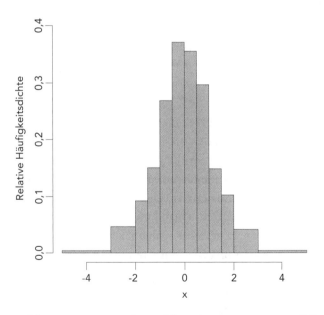

Stabdiagramm einer Verteilung zufälliger Ereignisse. Die meisten Fälle sammeln sich um einen Mittelwert herum. Die Abweichungen davon werden langsam weniger, je weiter sie sich davon unterscheiden.

oder die Gewinnausschüttung der Lotterien sind weitere Beispiele für geregelte Wechselwirkung zwischen Zufall und Wahrscheinlichkeit.

Statistiker gehen davon aus, daß sich Stabdiagramme mit zunehmender Zahl der berücksichtigten Fälle der sogenannten Glockenkurve nach Gauß annähern.

Allerdings ist nicht jeder Art von Zufall beizukommen. Börsenkurse schwanken sehr zum Bedauern mancher Aktionäre auf unberechenbare Weise. Die Werte der Vortage stehen in keinem schlüssigen Zusammenhang mit dem, wie es morgen aussehen könnte. Statistiker nennen den Vorgang darum »Irrfahrt« oder, modischer auf englisch, »Random Walk«, wörtlich übersetzt: »Zufallsspaziergang«.

Überall aber, wo meßbare Merkmale auf eine bestimmte Art verteilt sind, erlauben sie solche Erhebungen und in bestimmtem Rahmen auch Vorhersagen wie den Wetterbericht. Dazu braucht man den Mittelwert und

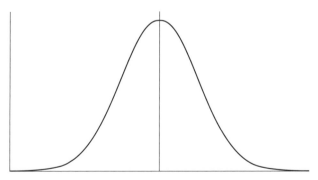

Gaußsche Glockenkurve, auch »Dichte der Normalverteilung« genannt. Diese Annahme beruht auf dem zentralen Grenzwertsatz, wonach die Verteilung dieser Gestalt zustrebt, wenn die Zahl der Fälle grenzenlos anwachsen würde.

die Varianz. Beim oben angeführten Beispiel des gezinkten Würfels ergibt die Summe aller gefallenen Augen geteilt durch die Anzahl der Würfe

$$\mu = (1 \cdot 2 + 3 \cdot 3 + 2 \cdot 4 + 1 \cdot 5) / 7 = 3{,}43.$$

Die Varianz kennzeichnet, wie stark die Fälle streuen. Sie errechnet sich aus der Summe der quadrierten Abweichungen vom Mittelwert geteilt durch die Anzahl der Fälle. Zur Bezeichnung dient das ebenfalls griechische σ^2 (»Sigma zum Quadrat«):

$$\sigma^2 = [1 \cdot (2 - \mu)^2 + 3 \cdot (3 - \mu)^2 + 2 \cdot (4 - \mu)^2 + 1 \cdot (5 - \mu)^2] / 7 = 0{,}82.$$

Die Quadratur führte zu positiven Werten, um den Spielraum beiderseits von μ gleich groß zu gestalten. Ohne das Quadrat heißt σ »Standardabweichung«. Das ist die Wurzel aus der Varianz.

Mit den beiden Parametern und der Tschebyscheff-Ungleichung läßt sich die Wahrscheinlichkeit ermessen, daß eine noch unbekannte Augenzahl X beim nächsten Würfeln weniger als ein vorgegebenes Maß c vom Mittelwert abweicht:

$$P(|X - \mu| < c) \geq \sigma^2 / c^2.$$

Nimmt man den einfachen Fall mit c = 1, ergibt die Ungleichung

$$P(|X - \mu| < 1) \geq \sigma^2 = 0{,}82.$$

In Worten: Mit einer Wahrscheinlichkeit von 82 Prozent liegt der nächste Wurf innerhalb eines Abstands 1 links oder rechts von der Mitte. Das wäre der Zwischenraum

$$[\mu - 1, \mu + 1] = [2{,}43; 4{,}43] \ni 3, 4.$$

Die Augenzahlen 3 und 4 fallen in dieses Intervall, wie das anhand der Skizze zu erwarten war, und zwar auf längere Sicht in 82 von 100 Fällen. Dieses Ergebnis hätte dem Spieler einen Fehler erster Art erspart.

Praktische Anwendungen streben danach, Abweichungen um ±5 Prozent mit einer Wahrscheinlichkeit von 95 Prozent zu begrenzen. Um das zu erreichen, muß die Zahl der Ausprägungen hoch genug gewählt werden. Bei Wahlumfragen sollte sie über 1000 liegen. Je mehr, desto genauer die Vorhersage; zumindest in der Theorie. Ein Irrtum wird dann immer weniger wahrscheinlich, läßt sich aber praktisch nicht ganz ausschließen. Auch wirtschaftliche Erwägungen spielen eine Rolle. Mit der gewünschten Genauigkeit nimmt der Aufwand zu, und damit auch die Kosten. Darum wird mitunter auf Kosten von Genauigkeit und Aussagekraft gespart.

Wegweiser der Logik:
Zufall, Stochastik, Wahrscheinlichkeit,
Unwahrscheinlichkeit, Verteilung, Vorhersage,
Fehler erster und zweiter Art, Mittelwert, Varianz,
Stabdiagramm, Gaußkurve, Irrfahrt,
Tschebyscheff-Ungleichung

ANHANG

Rückblick und Ausblick

Eure Rede aber sei: Ja, ja; nein, nein.
Was darüber ist, das ist von Übel.
Matthäus 5,37

Die Wegweiser der Logik schildern den Pfad zu einigen der wichtigsten Denkgesetze aus. Ein Kompaß in Gestalt der Dualität erleichtert die Orientierung. Seine Nadel zeigt auf das Erreichbare; das andere Ende deutet das an, was dafür in Kauf zu nehmen ist.

Um seinem Ziel näher zu kommen, braucht man zunächst einen Anhaltspunkt, wie es aussehen könnte. Ein Merkspruch besagt: In einer genau gestellten Frage steckt die halbe Antwort. Danach folgt man am besten der weiteren Beschilderung, indem man die Tafeln drittwirksam aneinanderreiht. Unterschiede und Gemeinsamkeiten bilden ein übersichtliches Gefüge von notwendigen hinreichenden Bedingungen.

Vorsicht bei Umfragen, Studien und Gutachten! Nicht alle Bauern, die dicke Kartoffeln ernten, sind dumm. Am meisten gelogen wird wieder einmal bei der Kriegsberichterstattung.

Denkgesetze wie Drehsinn, Zeit und Raum werden oft als Gegenstände wie Bein und Stein mißdeutet. Wer sich an Meßbares hält, ist dagegen gefeit, Ideologen auf den Leim zu gehen. Sie scheuen die Regeln folgerichtigen Schließens wie der Teufel das Weihwasser, wie es ehedem geheißen hat.

Entscheidungen sollte man nicht von allzu vielen Bedingungen abhängig machen. Überbestimmte Probleme werden unlösbar. Zweckmäßig ist, sich auf eine übersichtliche Auswahl von Voraussetzungen zu beschränken.

Einer Faustregel von Praktikern zufolge sind schlechte Entschlüsse besser als keine. Wer sich dazu nicht durchringen kann, für den bestimmen andere, und meist zu ihren eigenen Gunsten. Außerdem haben selbst die besten Urteile nicht nur Vorzüge, wenn auch die Nachteile oft verdrängt werden.

Das Wissen darum, wie es geht, ist das eine. Um Kenntnisse bestmöglich zu nutzen, braucht es auch Übung. Wie die meisten Fertigkeiten erlahmen Denkvermögen und Gedächtnis, wenn man sie nicht ausreichend fordert.

Doch kaum jemand merkt sich noch Termine, Telefonnummern oder Fahrpläne der öffentlichen Verkehrsmittel. Das Handy hat alles gespeichert. Auf Daumendruck ist die Info abrufbar, sofern der Akku nicht gerade leer ist. Im Notfall kann der digital verwöhnte Zeitgenosse nur noch auf bröckelnde Erinnerungen zurückgreifen. Allerdings sind genaue Kenntnisse von Fahrplänen der Bahn bei den zahlreichen Verspätungen und Zugausfällen nur noch von begrenztem Wert.

Auch ein Navi ist bequem, um sich in fremder Umgebung zurechtzufinden. Doch wer sich an müheloses Kutschieren gewöhnt, findet am Ende nicht mehr zum nächsten Briefkasten, wenn sein elektronischer Wegweiser ausfallen sollte.

Der ehemalige Präsident des Deutschen Lehrerverbands Heinz-Peter Meidinger beobachtet Einbrüche in der Rechtschreibung. Schülern fehle es zunehmend an

Textverständnis. Keine Bücher, statt dessen Hunderte von Kurznachrichten auf dem Mobiltelefon lassen die Lesefähigkeit verkümmern.

In Gaststätten, Cafés, Bussen und Bahnen, überall das gleiche Bild: Salzsäulen, sitzend oder stehend, gebannt auf ihr Mobiltelefon starrend. Wer dazukommt, zückt sogleich sein unvermeidliches Zubehör, beugt sich wie am Nasenring gezogen darüber und verfällt in dieselbe Starre. Nur die Daumen daddeln.

Selten schaut eine der denkmalsgleichen Gestalten auf. Ein mehliger Blick streift die Umgebung. Dann taucht der geistesabwesende Nutzer wieder ab ins Nirwana von Nullen und Einsen, einzig beseelt von elektrischen Impulsen.

Schon 2005 kürten Sprachkundige den Ausdruck »Smombie« zum Jugendwort des Jahres. Er faßt die Begriffe »Smartphone« und »Zombie« zusammen. Gemeint ist die Verbindung einer Handvoll Elektronik mit einem Untoten, einer düsteren Daseinsform, nicht Lebewesen und nicht Leiche, sondern irgendwo dazwischen.

Mittlerweile sind die Smombies längst in der Mehrheit. Wer weniger als dreißig Jahre zählt, verbringt täglich über vier Stunden in der körperlosen Welt. Mehr als achtzig Prozent aller Deutschen sind online. Nur ein Rest meist älterer Zeitgenossen folgt dem stummen Treiben mit Beklemmung. Wer sich weigert, sein Dasein um ein Handy herum zu organisieren, und ein selbstbestimmtes Leben ohne den elektronischen Klimbim führen möchte, gehört zu einer belächelten Minderheit.

Junge Eltern prägen das Straßenbild, die ihrem Smartphone mehr Aufmerksamkeit widmen als dem

Nachwuchs. Rührt sich der Matz, wird er mit dem Schnuller oder einer Brezel abgespeist. Dann sind Mama oder Papa wieder ganz Handy. Die Zeit, die sie mit ihrem Digitalzeug verbringen, geht dem Kind an Zuwendung ab.

Die Folgen hat der Bonner Psychiater Michael Winterhoff eindringlich geschildert. Der Seelenarzt stellte fest, daß die digitale Welt die Erwachsenen so sehr überfordert, daß sie es nicht mehr schaffen, ihre Kinder auf das Leben vorzubereiten. Vernachlässigte Buben und Mädchen bleiben auf frühen Stufen der Entwicklung stehen. Später fehlen ihnen samt Hochschulabschluß die nötigen Fähigkeiten, um ihre Kenntnisse im Umgang mit Kollegen oder Kunden angemessen umzusetzen.

Vor allem gehöre das Handy nicht in die Hand der Kleinen. »Je früher Kinder mit Smartphones, Tablets und Co. konfrontiert werden, desto autistoider werden sie«, befand der Psychiater. Autismus ist das Krankheitsbild eines Menschen mit eingeschränkter Wahrnehmung.

Winterhoff bemerkte den Einschnitt bei Erziehung und Ausbildung um die Mitte der neunziger Jahre mit dem Beginn großflächiger Digitalisierung. Das Niveau in Schulen und Hochschulen sei seither ständig abgefallen. Der Seelenarzt drückte es drastisch aus: »Deutschland verblödet.«

Vergebens warnte auch sein Kollege Manfred Spitzer aus Ulm vor »digitaler Demenz«, wenn der »moderne Mensch« unter solchen Verhältnissen aufwächst. Bereits 2012 erschien eines seiner Bücher mit der Warnung »Wie wir uns und unsere Kinder um den Verstand bringen«.

Damit erscheint das erklärte Ziel der Digitalisierung, eine künstliche Intelligenz (KI) zu schaffen, in neuem

Licht. Der mutmaßliche Zugewinn wird durch einen Schwund an natürlicher Vernunft erkauft. Die KI schafft selbst den Bedarf an Smartphones, Apps, Tablets, Laptops, Navis, Computern und dem ganzen Drumherum. Die Leute greifen zu Krücken, weil sie die tägliche Tretmühle anders nicht mehr auf die Reihe kriegen.

Auch unter der Corona-Politik leiden vor allem die Kinder. Schließung der Schulen und verordnete Isolation schwächen ihr natürliches Immunsystem. Außerdem muß die Abwehr von Krankheitserregern fortlaufend geübt werden. In einem unbehinderten Alltag besorgt das der Umgang mit Menschen. Das gilt auch für Erwachsene. Aber für junge Leute ist die Einbuße besonders groß, weil sie von der Seuche selbst kaum bedroht sind.

Mit derartigen Widersprüchen zu leben ist für folgerichtig denkende Zeitgenossen schwieriger als jede Regel der Logik. Bestens bedient werden dagegen Freunde phantastischer Geschichten und der Science-fiction. Was sie vormals aus den Regalen von Buchhandlungen kramen mußten, erleben sie nun alle Tage hautnah.

Unheilvolle Gestalten wie Sauron aus der Saga *Der Herr der Ringe* reichen mit ihren finsteren Verlautbarungen nicht im entferntesten an das heran, was deutsche Gesundheitsminister im Fernsehen zu den besten Sendezeiten beschwören. Gemäß deren düsteren Prophezeiungen hätte die Corona-Seuche längst die Mehrheit der Zuschauer hinweggerafft.

Wem das nicht zuviel wird, der kann anderen Machern im Bundeskabinett dabei zuschauen, wie sie ein Kraftwerk nach dem anderen abschalten, ohne zu wissen, wo der Strom bei Nacht und Windstille herkommen soll.

Die Preise für Heizöl und Benzin schrauben sie hinauf, ohne zu sagen, woher das zusätzliche Geld zu nehmen ist, ohne es zu stehlen.

Die Einfuhr von Heizgas wollen sie drosseln, die von preisgünstiger Kohle verbieten. Im nächsten Winter sollen die Bürger für die Freiheit frieren. Erkältung macht frei – so die neuste Verheißung. Man plant, ihnen den Wohlstand auszureden. Nebenbei hätten sie die Welt vor dem Untergang zu retten.

Und in der Schule lehrt man die Kinder: Wer alles richtig macht, meistert sein Leben am besten.

Register

Abbildung 137–45, 160–4
  gestalterhaltende A. 160, 163–4
  Umkehrabbildung 143, 163–4
Abgleich 22–3, 28, 30
Antithese 22, 218
Antivalenz 179–80, 184
Archetyp, siehe *Urbild*
Arecibo-Botschaft 212, 217, 221
Arp, Halton 192–4
Astronomische Einheit 203
Auflösung 214–7, 220

Bedingung
  hinreichende B. 49, 92–4, 96–7, 235
  notwendige B. 94–8, 113, 141, 235
Bijektion 144–5, 163
Bildmenge 140, 143, 160–1, 213
Bildpunkt 140–2, 162, 213
Blackbox 23
Breite, geographische 203

Cantor, Georg 62–3, 66, 74
Chiralität, siehe *Händigkeit*

Denkgesetz 64, 69, 72, 74, 102, 171, 188, 205, 207, 235
Deutung 24–7, 132, 188, 219
dialektischer Materialismus 23
Digitalisierung 7, 24, 42, 51, 159, 238
Drehebene 48

Drehsinn 38, 48, 179, 188, 235
Drehung 34–5
   Linksdrehung 34
   Rechtsdrehung 34, 36
Dreischritt, dialektischer 22
Drittwirkung 46, 91
duale Topologie 218–9
Dualität 40, 77, 227, 235
   D. der Logik 65, 123, 171, 205, 217, 223

Eindeutigkeit
   Linkseindeutigkeit 142, 144
   Rechtseindeutigkeit 139–40, 144, 161, 164, 212–3
Einwand 22–3
Element 64–72
Entscheidung 173–84
Ereignis, sicheres/unmögliches 225
Ergebnis, siehe *Folgerung*
Erkenntnis 15, 30

Fallunterscheidung 83, 86
falsch, siehe *Wahrheitswert*
Fehler
   F. erster Art 227, 231
   F. zweiter Art 227
Festgröße 78–80, 179
Filter 21–32, 123, 179
folgerichtiges Schließen 14, 16, 23, 30, 40, 50, 54, 66, 74, 80, 84, 125, 140, 171, 179, 184, 208, 235, 239
Folgerung 24, 27–8, 45, 47, 59, 92, 175–6, 181, 187

Frege, Gottlob 82
Funktion, siehe *Abbildung*

Ganzes, siehe *Menge – Obermenge*
Gatter 177–83
Gaußsche Glockenkurve 229
Gegensinn, siehe *Drehsinn*
geordnetes Paar 126–30, 138, 146, 151–2, 155, 213
Gestalt siehe *Selbstbezogenheit* und *Prägung*
Großvaterparadoxon 187, 195

Händigkeit 34–5, 40
Homomorphismus 160, 165
 Ordnungs-Homomorphismus 161–4
Hypothese 22

Injektion 142, 144
Intelligenzquotient 53, 135
Irrfahrt 229
Isomorphismus 163, 184
 Ordnungs-Isomorphismus 165

kartesisches Produkt, siehe *Kreuzmenge*
Kehrwert 224
Kette 146, 153
 Argumentationskette 47–9, 93–4
Komplement 114–5, 180, 203, 218, 225
Konstante 77–81, 149
Koordinate 34–6, 201, 203–5, 213
Korrelation 130–5

Kreislauf 187–98, 208
  Vergleichskreislauf 190
Kreuzmenge 126, 141, 156
Krümmung 208–9
Kubus 205
künstliche Intelligenz 42, 174, 177, 238

Länge, geographische 203
Linksdrehung 34
Logik 19, 30, 40, 44, 46, 49, 55, 59, 63, 65, 92, 106, 165, 235

Mächtigkeit 70–1, 78, 85, 112
  Gleichmächtigkeit 97–8
Matrix (math. System) 213–7
Matrix (Film) 16
Menge
  Allmenge 82
  Drittmenge 65
  Einermenge 69–70, 84
  fremde M. 68, 114
  Fuzzy-Menge 73
  Grundmenge 83, 215
  Kreuzmenge 126, 141, 156
  leere M. 69–70, 84, 98–9, 216
  Mengeneigenschaft 66, 68, 78–80
  Mengengefüge 66
  Mengenklammer 91
  Mengenlehre 59, 61, 63, 77, 82–3, 89, 97, 125, 137–8
  Mengenprodukt 126, 207
  Mengensystem 84–5, 164, 215
  Mengenvereinigung 111

Obermenge 89, 92–93, 95, 99–101
Potenzmenge 84–5, 215–6, 219
Schnittmenge 216
Supermenge 216, 218–20
Teilmenge 85–7, 89–90–9, 111, 114–5, 126–30, 139, 144, 151, 154–5, 215–8
Untermenge 89–98, 111, 114, 126, 138, 140, 142, 144, 154, 216, 218
veränderliche M. 82–3
Zweitmenge 65
Messung 188–9
Mittelwert 227–30
Modell 31
Muster 24, 31, 51, 80, 116

Negator 116, 180
Norm 36, 174
Nullpunkt 201, 204, 207

Oktant 205–6
Orientierung 33–43

Parameter 129–30, 138–9, 230
Permutation, siehe *Umordnung*
Pixel 214–21
Prägung 159–68
Primzahl 110–3, 212–3

Quanten 50, 192, 223
Quantencomputer/-rechner 22, 42

Quantor
   Allquantor 93
   Existenzquantor 95, 139
Quelle 129, 131, 137–40, 152, 160

Radius 201–4, 207, 209
Raster 213–4, 217, 221
Raum
   Raumdiagonale 204, 207
   Rauminhalt 202
   Raumlehre 34, 201
   Raumzeit 207
Rechtsdrehung 34, 36
Reduktion der Formel 110
Reflexivität, siehe *Selbstbezogenheit*
Reihenfolge 68, 130–1, 161–2, 164, 187
Relation 126–8
   Äquivalenzrelation 180
   ODER-Relation 177, 180
   Umkehrrelation 128, 130, 132
   UND-Relation 176, 184
Richtung 38–9, 48–9, 91, 163, 188, 207
Russell, Bertrand 82–3, 86, 99

Satz vom Widerspruch 114–6
Schaltkreis 31, 42
Schaltung 189
Schluß, siehe *Folgerung*
Selbstbezogenheit 98, 126
Sieb des Eratostenes 112
Silur-Hypothese 198

Sonnentag 189
Spannungspegel 41, 177–9
Stochastik 223–5
Surjektion 143–4
Syllogismus 44–6
Synthese, siehe *Abgleich*

Tautologie 106
These 22, 218
Topologie 216–9
Träger 129
Transistor 31, 178
Transitivität, siehe *Drittwirkung*
Trennungsaxiom 216–7, 220–1
Tripel 151, 176, 184, 207
Tupel 126, 130, 142, 156, 207

Überbau, siehe *Deutung*
Uhrzeigersinn, siehe *Drehsinn*
Umgebung, siehe *Menge – Obermenge*
Umordnung 161–2
Unbestimmte, siehe *Veränderliche*
Ungleichung 146, 230
Unterscheidung 33, 36, 68, 74, 79
 Fallunterscheidung 83, 86
Unterteilung 50, 90, 188–9
Urbild 30, 140, 161
Urmenge 140, 142–3, 160–1
Urpunkt 140–2, 162

Variable, siehe *Veränderliche*
Varianz 230
Vektor 126, 130, 207
Veränderliche 77–81, 175–6, 179, 202
Verarbeitung, siehe *Deutung*
Verneinung 105–6, 116, 181
Verschlüsselung 51, 212
Verschränkung 223
Verteilung (bei Wahrscheinlichkeiten) 226–9
Vollständigkeit
    Linksvollständigkeit 138, 140, 144, 161, 164, 212
    Rechtsvollständigkeit 143–4
Voraussetzung 24, 26–7, 45, 49–50, 73–4, 92, 94, 96–7, 141, 174–83, 187, 212–3, 236; siehe auch *Bedingung*
Vorhersage 226–31

Wahrheitswert 42, 175, 180
Wahrnehmung 22–31, 50, 171, 188, 191, 205
Wahrscheinlichkeit 223–31
Wertebereich 129
Winkel
    Höhenwinkel 201–3
    Rundumwinkel/Azimut 201

Zeitdehnung 192
zentraler Grenzwertsatz 229
Ziel 129–31, 137
Zufall 52, 223–4, 228–9
Zuordnung 22, 37, 48, 91, 145, 175
Zuse, Konrad 41
Zweierverfahren 40, 42, 184

Edition Sonderwege
© Manuscriptum Verlagsbuchhandlung Thomas Hoof
Lüdinghausen 2023

Dieses Werk ist urheberrechtlich geschützt.
Jede Verwertung außerhalb der engen Grenzen des Urheberrechtsgesetzes ohne Zustimmung des Verlags ist strafbar. Das gilt insbesondere für Vervielfältigungen, Übersetzungen, Mikroverfilmungen und die digitale Einspeicherung und Verarbeitung in elektronischen Systemen.

ISBN 978-3-948075-61-3
www.manuscriptum.de